你該知道的
住屋權利

直接引用
書中法條
捍衛權利

張建鳴
莊佳樺 律師／著

目錄

自序
幸福感，從保障自身權益開始！

　　根據最新的統計結果，台北市買屋痛苦（房價所得比）指數為14，臺灣平均值則為9。換言之，一般人必須9年不吃不喝，花上9年的薪水才能買一間房屋；買屋賣屋實在是大多數人一生中最大的投資。

　　筆者有幸在執業的過程中與多間仲介業者交手或合作，深深的感受到在房屋買賣的過程中，若是一個法律動作的錯誤，都可能會造成無法挽回的損失，而一般民眾因為欠缺對不動產交易法令的瞭解，很容易被仲介業者牽著鼻子走，而且面對厚厚的六法全書，民眾恐怕不知到底該從哪些法條下手！

　　公寓大廈的紛爭也是一樣，往往會有單一住戶對抗群體住戶或群體住戶深受單一惡鄰所擾的情形，有時處理不好，在開會時口出惡言還會因此吃上刑事官司，相信讀者每天只要打開報紙，一定都會看到一、兩則這樣的新聞。

　　於是，筆者經常在想，如果民眾有機會讀到司法判決，便可以從這些案例下手，找出與自己情節相似的案件，這樣讀者可以更迅速的理解法律的規定，在面對實際的紛爭時，方能更完整的

主張自己的權益。

　　筆者在本書中區分了36個主題，每一個主題蒐集了至少一個法院判決的案例，並用比較白話的用語解釋這則判決的大意，希望讀者閱讀這些案例後，能更清楚知道法律的規定及相關的程序，以保障自己的權益。

　　讀者在閱讀本書的時候，可能會看到類似情節但判決結果迥異的兩個案件，筆者對於這類型的案例特別有興趣，也希望透過這樣判決，讓讀者知道極細微的案件事實差異，都將導致判決結果的不同。

　　因此，掌握這些差異點，就是保障自身權益很重要的環節，因為我們可能是原告，也可能是被告。本書的宗旨亦然，並不是只是單獨的保障買方或住戶，也希望賣方、仲介業者、建商、管理委員會都可以在這本書中找到適當的案例，在處理自己的糾紛時，能夠妥善規劃每個步驟，避免或降低法律風險。

張建鳴律師、莊佳樺律師

2014.3.25 於安皓法律事務所

第一部

買屋賣屋不可忽視的
法律權利

不重視「契約審閱期間」就虧大了！

讀者們若有簽約的經驗，通常都會在契約的封面或第一行看到「本契約於中華民國○○年○○月○○日經○方攜回審閱○日（契約審閱期間至少○日）」等等的字眼，很多人大概不以為意，卻忽略了「審閱期間」的規定是消費者對於自身權益的第一道保障。

尤其大多數的契約，都是由企業預定好，消費者只能選擇接受或不接受，而消費者對法律規定又不瞭解，加上契約中密密麻麻的文字，即使是懂法律的人，也無法在一時半刻間看清楚，讀者更有可能在業務員高明的行銷手法下，貿然簽下合約。

在這樣的情形下，應該如何保障讀者自身的權利呢？而如果讀者本身是業務人員，又該如何讓自己的銷售行為符合法律規定呢？我們來看看以下兩則不同結果的判決！

法院實際案例分享
案例一

王祖明去看預售屋，很滿意狀況，在要與建設公司簽立預售屋買賣契約時，銷售業務員花時間解釋了契約內容，王祖明因為已經充分閱讀契約，便簽下放棄審閱期間條款，嗣後卻因資力不

足無法辦理貸款，於是建設公司便控告王祖明違約，要沒收王祖明全部已付價金。隨後王祖明主張建設公司沒有給予足夠的時間審閱契約，因此他簽署放棄審閱期間的條款無效，所以王祖明不受違約條款的拘束，建設公司不能沒收已付價金。

 法院判決結果

臺灣高等法院99年上易字第943號民事判決

依據消費者保護法第11條之1，企業經營者與消費者訂立定型化契約前，應有30日以內之合理期間，供消費者審閱全部條款內容，違反規定者，其條款不構成契約之內容，惟該審閱期間條款之目的在給予消費者充分瞭解契約內容之機會，以避免消費者於匆忙間不及瞭解其依契約所得主張之權利及負擔之義務，致訂立顯失公平之契約而受有損害，故消費者於簽約前倘若已充分瞭解該契約之權利義務關係，或有可認其能認識契約權利義務關係之合理審閱期間，即不得依該條規定主張契約無效。

法條停看聽

王祖明因為在簽約前已充分瞭解契約的權利義務關係，或者依情況判斷，他已有充分的時間足以瞭解契約的權利義務關係，所以法院認為王祖明不能因此以未提供審閱期間為藉口，而主張契約無效。

法院實際案例分享
案例二

　　大中去看預售屋，很滿意狀況，在要與建設公司簽立預售屋買賣契約時，業務員說這間預售屋很搶手，如果大中還要帶契約回去看，恐怕就被別人買去了。情急之下，大中便簽下放棄審閱期間條款，嗣後卻因資力不足無法辦理貸款，於是建設公司便控告大中違約，要沒收大中全部的已付價金。大中主張建設公司沒有給予足夠的時間審閱契約，因此他簽署放棄審閱期間的條款無效，所以大中不受違約條款的拘束，建設公司不能沒收已付價金。

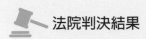 **法院判決結果**

臺灣士林地方法院98年訴字第1114號民事判決

參照消費者保護法第11條之1第1項及第2項規定，企業經營者與消費者訂立定型化契約前，應有30日內之合理審閱契約期間。違反者，其條款不構成契約之內容，但消費者得主張該條款仍構成契約之內容。系爭房地買賣契約書及同意提早簽約書上雖有買受人簽名，然上開二文件中關於審閱期間之約定明顯扞格，且依房地銷售人員所述，於現場簽約的情形通常僅花費一小時，而系爭契約書內容龐雜，綜令法律專業人

士亦難以於一小時內完全閱讀完畢,則不具法律專業知識之買受人更無可能於期間內充分審閱契約內容,系爭契約中貸款約款部分自無法拘束買受人。

法條停看聽

一般房屋買賣契約,都是動輒十幾頁,如果是新屋或預售屋買賣,還會加上圖說、規約等等文件,甚至上百頁都有可能。在這個案件中,法院認為建商只提供了消費者一個小時的時間來瞭解契約內容,明顯是不夠的,因此消費者放棄審閱期間的聲明無效,消費者可以主張不受契約條款的拘束。

別讓你的權利睡著了!

從這兩則案例可以知道,如果企業經營者沒有提供消費者合理的審閱期間,消費者可以主張不受契約條款拘束。但到底什麼是審閱期間?要如何運用審閱期間來保障自己的權益呢?接下來,筆者從消費者保護法的角度來介紹審閱期間的規定。

依據消費者保護法第11條之1的規定「企業經營者與消費者訂立定型化契約前,應有30日以內之合理期間,供消費者審閱全部條款內容。」因此,讀者在與企業經營者簽約的時候,只要那份合約是企業經營者所提供,而且不論何人簽約,企業經營者都

是拿那份合約給消費者簽，這樣的合約就稱之為定型化契約，這時，讀者就可以要求企業經營者提供審閱期間，讓讀者可以仔細瞭解契約內容。

若是企業拒絕提供讀者審閱期間，讀者便可以引用消費者保護法第11條之1第2項規定「違反前項規定者，其條款不構成契約之內容。但消費者得主張該條款仍構成契約之內容。」主張不受契約的拘束，也就是說，消費者可以未提供審閱期間為由，拒絕履行該條款。

有些企業會在他們的定型化契約中加上「消費者已確實攜回契約審閱○日以上」或「消費者已確實瞭解契約內容，放棄審閱期間之保障」，以上條款泛稱為放棄審閱期間聲明。

許多讀者也許曾有這樣的經驗，在讀者正打算要細看合約時，就被業務員打斷而簽下聲明放棄審閱期間條款，或者只是匆匆看過契約，忽略了放棄審閱期間條款，就在契約中簽名。在這種情形下，就算企業經營者已據實解釋合約，消費者也充分瞭解合約內容，而簽名聲明放棄審閱期間，還是會衍生很多法律上的爭議，以上兩則法院判決案例就是最好的說明。

但再多的案例都只是亡羊補牢，讀者拿到一份合約，或者預定簽一份合約之前，都可以在行政院消費者保護委員會的網站，看看讀者要簽的這份合約有沒有定型化契約範本，目前網站上已經有90種不同合約的定型化契約範本，舉凡不動產成屋買賣、預

售屋買賣、健身房、禮券等等都有定型化契約條款可以參考，讀者可以仔細比對消費者保護委員會提供的定型化契約範本跟要簽的契約有何差異，再就差異的部分詢問業務員或法律專業人員，才能避免權利受損。

📌 律師小學堂

消費者若聲明放棄了審閱期間的條款，上述案例中的房仲公司是可以主張消費者已清楚充分地瞭解契約的每一個細節。不過具體在面對訴訟時，消費者仍然可引用臺灣士林地方法院98年訴字第1114號民事判決這個案例，要求傳訊業務員以證明自己並未被充分告知契約內容，或者沒有足夠的時間可以瞭解契約內容，進而主張放棄審閱期間條款無效。

若讀者本身是業務員，在請消費者簽署放棄審閱期間條款前，則務必要給消費者足夠的時間瞭解契約內容，以免日後產生紛爭。

斡旋書？要約書？傻傻分不清楚

　　有委託房屋仲介業者買屋的讀者一定會知道，當你發出滿意該房屋的訊息時，仲介業務員都會跟你表示，如果有付斡旋金，他們就可以跟屋主說這個買方很有誠意，如此一來，屋主比較願意降價，可以談到比較好的價格。

　　不過，這個斡旋金付了之後，是不是會衍生一些法律爭議？請見下面的案例分享。

法院實際案例分享
案例一

　　秀芳與房仲業者簽下斡旋書並已交付斡旋金，但事後卻因為無法貸款而不想簽約，房仲業者告知秀芳將要沒收她的斡旋金，但秀芳卻說斡旋書中並沒有提到點交日期、付款日期等等，所以契約並未成立，房仲業者跟賣方都不能沒收斡旋金。

法院判決結果

臺灣桃園地方法院100年訴字第1009號民事判決

所謂猶豫定金，係指在成立本約以前交付之定金，用以擔保本約之成立，如交付定金之當事人拒不成立本約，則受定金之當事人得沒收其定金，受定金之當事人如拒不成立本約，即應加倍返還定金，其作用僅在證明並擔保預約之成立及履行，即在擔保本約之成立，與用以證明本約成立並確保本約履行之證約定金即屬有間。本件當事人僅就系爭不動產之總價達成合意而成立系爭不動產買賣契約之預約，惟嗣後雙方並未就系爭不動產買賣之其他必要之點，諸如付款方式、稅金之負擔、交付方法、何時點交、有無貸款等進一步磋商達成合意，

法條停看聽

依據民法第153條第2項規定「當事人對於必要之點，意思一致，而對於非必要之點，未經表示意思者，推定其契約為成立，關於該非必要之點，當事人意思不一致時，法院應依其事件之性質定之。」也就是說，若簽約的雙方已經針對契約的必要之點達成共識，基本上就推定契約成立，主張契約不成立者，必須提出相反的證據，才能推翻這個認定。

是雙方並未成立不動產買賣契約之本約。

法條停看聽

哪些事項是房屋買賣契約的必要之點呢？在這
個案件中，法院認為付款方式、稅金之負擔、交付方
法、何時點交、有無貸款都是屬於契約的必要之點。所
以，雖然兩方已經就價金達成共識，但因為就重要事項沒
有達成共識，所以契約並不成立。一樣的道理，若讀者所
簽立的要約書或斡旋書中並未提出付款方式、稅金之負
擔、交付方法、何時點交、有無貸款等事項供房仲業
者斡旋，讀者就可以依據這個案例主張契約並
未成立，而拒絕房仲業者沒收斡旋金的
請求。

 法院實際案例分享
案例二

　　漢清與房仲業者簽下斡旋書並已交付斡旋金，賣方屋主很
爽快的答應了漢清的條款，但漢清事後卻因為無法貸款而不想簽
約，房仲業者告知漢清將要沒收他的斡旋金。

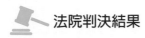 **法院判決結果**

臺灣新竹地方法院90年竹簡字第235號民事判決

本件係被告經由仲介公司銷售人員陪同至現場觀看後始出具要約書，而原告則係針對被告之要約為承諾，亦即本件係被告委託房仲公司向原告為訂立買賣預約之要約意思表示，……惟基於前述，原告既已於約定之要約期限內為承諾，而原告為承諾之前，被告並未撤回其要約，則兩造間之買賣預約自已成立，被告於原告承諾後所為之撤回自不生撤回之效力，復按前開要約書第5條就簽訂房地產買賣契約書之期間及違約處罰，被告於買賣預約成立後既未依前開約定履行訂立買賣本約之義務，從而原告即得依據上開約定請求被告負債務不履行之損害賠償責任。

法條停看聽

如果讀者是賣屋的屋主或者是房仲業者時，就可以引用這則案例，要求買方依照要約書或斡旋書的約定簽訂買賣契約。若買方反悔不簽，便可以主張賠償損害，即使只是簽要約書，而未給付斡旋金，買方仍然要負賠償責任。

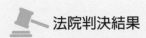

法院實際案例分享
案例三

　　若晴委託房仲公司買屋,看屋後,房仲公司沒有提供若晴要約書,只提供斡旋書,並要求若晴交付斡旋金,若晴付了斡旋金後,卻反悔不買,便主張房仲公司沒有提供要約書,因此契約無效。

法院判決結果

臺灣臺北地方法院90年訴字第502號民事判決

經查依買賣斡旋金收據之說明,已將「買賣斡旋金契約」與「買賣契約書」並列,並就買賣標的物坐落所在、付款數額、方法暨時間,以及違約處罰內容等均記載清楚,是房屋仲介公司自已明確揭露交易條件、資訊,其與賣方間就上開斡旋金之約定當屬合法。而系爭交易之買、賣雙方就系爭買賣契約已經達成合意,僅不過就系爭房地買賣契約之其他細節內容,留待日後另行商議而已;是縱本件房屋仲介公司並未正式提出要約書,並說明要約書相關內容,告知買方系爭斡旋金收據與內政部版「要約書」之區別及其替代關係,即於斡旋金收據中以定型化條款載明「買方放棄使用要約書」,有違反誠信原則之嫌,亦屬行政機關是否可據以課以

公平交易法第24條所規定罰則，甚至該公司是否應該賠償賣

方損失之問題而已，

然終無礙於買方

與被賣方公司

間系爭買賣

契約業因

成立之情

事，即甚

清楚。

法條停看聽

在這個案件中，雖然仲介業者並沒有告知
有要約書可以選，而是要消費者簽下斡旋書，
但法院判決消費者不能以此為由拒絕履行合約，所
以消費者在簽下斡旋書的時候，一定要小心謹慎，
以免斡旋金遭沒收而得不償失。但若讀者遇到了這
個問題，建議讀者檢附先前提出行政院公平交易
委員會函釋，向房仲業者或縣市政府消費者保
護官提出申訴，房屋仲介業者為了息事
寧人，都有可能在沒收斡旋金
上讓步。

別讓你的權利睡著了！

看完上面的案例之後，讀者會不會驚覺，原來付了斡旋金或
簽了要約書居然要負這麼大的責任，其實斡旋金或要約書事實上
就是民法所提到的要約的觀念。依據民法第154條第1項前段的規
定「契約之要約人，因要約而受拘束。」所以讀者一旦交付斡旋
金或簽下要約書，也就等同於發出要約，若賣方屋主承諾了要約

條款，那買賣契約就已經成立了，所以讀者在交付斡旋金或簽要約書時，一定要確定自己真的很滿意屋況，也要特別注意斡旋書或要約書的內容。

讀者若真的交付了斡旋金或簽了要約書，後來發現沒有那麼喜歡那間房屋或反悔不想買了，依據民法第162條的規定得撤回要約，依據內政部的公告，撤回要約權是要約書應記載事項，若讀者簽的要約書中沒有撤回要約權，讀者仍然可以主張撤回要約，千萬不要以為要約書中沒有記載就不能撤回喔。

不過撤回要約這件事，讀者務必要謹慎，因為若是賣方屋主承諾您的要約，就不能撤回要約了。筆者曾聽聞有不肖的仲介業者，知道買方有撤回要約的意向時，便與賣方屋主串通，將承諾日期提前，藉以沒收斡旋金。所以讀者要撤回要約前，可以先詢問仲介業者賣方屋主是否已經承諾，並將對話錄音下來，以保存證據，免得日後發生爭執無法舉証。

要約書的定型化契約範本可以從行政院消費者保護委員會的網站下載，裡面就有提到要約書應記載及不得記載事項，讀者簽約時，不妨多加比較其異同，若有違反應記載及不得記載事項，讀者可以依照消費者保護法第17條的規定，主張該條款無效。

最後，行政院公平交易委員會曾要求房仲業者必須要向消費者說明要約書及斡旋金契約的區別及替代關係，若讀者真的遇到了房仲業者並未提供要約書，只是一味的要求讀者簽下斡旋書，

讀者可以向縣市政府消費者保護官提出申訴，以維護自己的權益。讀者在申訴時可以提出行政院公平交易委員會的函釋（附錄一），要求仲介業者做讓步，以爭取自身權益。

倘若讀者真的有意要先交付斡旋金，就一定要充分瞭解斡旋金的法律效力，否則一旦交付斡旋金之後，除非有法定的解約事由，都有可能被沒收斡旋金作為賠償。在簽約前，讀者一定要慎思熟慮，但如果真的面對斡旋金將被沒收時，讀者也可以參考上面的案例為自己的權利辯護。

律師小學堂

要約書或斡旋書都是屬於契約的一種，讀者千萬不要以為這兩份文書並未涉及房屋買賣契約的簽約就輕忽，如果讀者簽下了這兩份文件，不但對於賣方屋主，也要對仲介負責。若反悔不簽約，除了賣方屋主會求償外，仲介業者也可以要求仲介費用的損失。所以讀者在簽立要約書或斡旋書時，一定要仔細思考是不是真的很喜歡那間房屋？價格是否合理？能否辦妥貸款？千萬不要因為一時的衝動，而必須面對動輒數十萬元起跳的賠償。

簽了契約後違約，定金要加倍奉還？

通常，仲介公司會等到促成買方及賣方對房屋買賣價格合意時，才會安排買方與賣方見面並協商買賣房屋的其他具體條件，但因為買方與賣方第一次見面，還需再為詳細協商買賣契約的其他細節內容，為了確保當事人雙方日後都能確實簽約，仲介公司會希望買方先交付一筆定金，但買方一旦交付定金後，是否可以反悔不簽約？賣方收了定金後，如果事後對賣價感到不合理，是否只要返還定金就好？到底「定金」對於買賣雙方有何種法律上效力，可以參考以下的法院判決。

 法院實際案例分享

美麗經由房仲公司介紹，與黃太太談成要以買賣價金1,000萬元出賣美麗的房屋，黃太太並交付一張50萬元的支票作為定金並委由房仲保管。美麗與黃太太約定在3日後簽約。美麗回去後覺得房屋賣價太低，想說定金又沒有交給她本人，所以就在3日後拒絕簽約。黃太太催告美麗簽約，美麗置之不理，黃太太便以美麗違約不賣，主張解除契約並對美麗提告請求加倍返還定金。

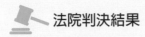 **法院判決結果**

士林地方法院98年度簡字第1號民事判決

按在契約成立前交付定金，以擔保契約之成立，通常謂之立約定金。交付立約定金者，除當事人另有約定，應依其約定外，如付定金之當事人拒不成立主契約時，則受定金之當事人毋庸返還其定金，如受定金當事人拒不成立主契約，即應加倍返還。此項定金，雖與民法第248條所稱之定金以主契約成立為前提尚屬有間，惟應類推適用民法第249條之規定，再次敘明。查，兩造於97年3月25日簽立「買賣定金收據」一事，為兩造所不爭執。而依上開買賣訂金收據第三點約定：「……因可歸責於賣方之事由致解除契約時，賣方應加倍返還已收受全部價金。」等語，揆諸上開說明，則該定金性質，應屬立約定金性質，自屬有據。然兩造未於97年3月31日簽訂系爭房屋之買賣契約書，且原告復於97年5月22日以存證信函催告並解除與被告之買賣契約，並經被告收受該存證信函一事，復為兩造所不爭執。是以，原告依約定時點欲與被告簽約，然被告藉故不賣，則揆諸上開說明，自可歸責於被告，則原告請求被告加倍返還定金一事，應屬有據。

法條停看聽

仲介公司通常會與買方及賣方分別簽立契約，

約定代為保管買賣定金。在這案例中，美麗簽了收

受定金的收據，同時約定委由仲介保管，而且美麗簽

立的收據明文約定「因可歸責於賣方之事由致解除契約

時，賣方應加倍返還已收受全部價金。」所以法院認

定小明藉故不賣屋，有可歸責之事由，判決命美麗

加倍返還定金，美麗除了應返還黃太太原本付

的50萬元支票外，尚需另給付黃太太50

萬元的賠償。

別讓你的權利睡著了！

　　美麗在案件中，因為沒有詳細閱讀仲介人員提供的「買賣定金收據」內容便草率簽名，因此被法院認定美麗已同意收受定金，並應受該收據約定的內容所拘束。

　　本件案件中，美麗與黃太太雖然尚未正式簽立買賣合約，但黃太太交付的定金，法律上性質屬於「立約定金」，也就是在契約成立前交付的定金，目的為了擔保日後契約之成立。

應注意者，定金是「要物契約」，必須收到金錢定金契約始成立。在本件案例中，美麗認為她雖然有在收據上簽名，但因美麗沒有細看其上內容已同時約定美麗將定金委由仲介人員代為保管，以致美麗認為黃太太事實上是把定金支票交給仲介人員，並非交給她本人收受，所以美麗主張她並未收受定金。但在法院認定上，美麗既然有在收據上簽名，且該收據內容是載明美麗委由仲介代為保管該定金支票，待正式簽約日再返還給美麗，所以法院認定美麗確實有收到了定金，就應該受法律及收據所載定金效力的規範。所以，提醒讀者，對於仲介人員提供的文件資料，在簽名前，一定要瞭解該文件的內容後再簽署。

反過來說，讀者如果是買方，交付了定金後，又出於可歸責於買方的事由，反悔不想簽約，則依民法第249條第2款之規定，賣方可主張沒收定金，不予返還。所以交付定金前，一定要審慎確定金交付後相關法律效果，以免蒙受損失。

律師小學堂

我國民法第248條規定，訂約當事人之一方，由他方受有定金時，推定其契約成立。因此，如果仲介人員在安排買賣雙方見面後，立即要求買方交付定金，買賣雙方如果希望定金不要被推定為契約成立，或者希望再有幾天的考慮期間，再決定是否簽約，則建議買賣雙方以書面特別約定該定金的效力。諸如，雙方同意在定金交付後3日再行簽約；雙方在定金交付後3日內得無條件返還定金，解除契約等等。

如果買賣雙方未有特別約定，則所交付的定金效力應依我國民法249條規定而定。如果當事人沒有特別約定定金的效力，則建議買方在交付定金前，應確認已談妥不動產買賣契約的主要條件，包括標的物面積、價金總額、各期價金付款方式、稅負負擔等等；而賣方則應確認有收到定金，如果委託仲介代為保管，則要確認仲介人員有簽收，以免日後滋生爭議。

特別的約給特別的你？談「專任約」

讀者若有賣屋經驗，仲介業者一定會在簽約時跟讀者說，「因為要幫房屋打廣告，所以最好簽下專任約，這樣我們會更願意打廣告，也更願意把比較優質的客戶帶給你」。但很多讀者心中一定都會疑惑，房屋交給比較多的仲介公司，不是可以有比較多看屋的人，價格也會提高嗎？其實，這個問題是見仁見智的，但專任委託銷售契約的確有可能產生一些影響，我們看看以下的案例就可略知一二。

法院實際案例分享

偉誠將房屋委託房屋仲介公司出售，委託期限3個月，仲介公司在這3個月內一直都無法以偉誠滿意的價格賣出。3個月後，偉誠就想不如賣給當中出價最高的人，就自行聯絡那人，並將房屋賣出，被仲介公司發現後，要求偉誠賠償仲介費用。

法院判決結果

臺灣桃園地方法院88年桃簡字第649號民事判決

查兩告所訂房地產專任委託銷售契約書第10條約定：「雖合約期限過後，3個月內倘甲方（被告）將本房地出售予乙方（原告）所曾接洽之客戶，仍應依第7條之規定，支付乙方服務費」，第7條約定：「甲方全權委託乙方銷售本宗房地，銷售成交同意給付房地委託成交價的4%作為服務費。」

查原告請求被告給付服務費27萬2,000元，該服務費係為確保契約之履行，約定被告違約時，應支付之金錢，屬違約金性質。本院審酌代售房地期間所支出人事及銷管費用，及被告以550萬元售出房地，與原委託原告之售價580萬元，有30萬元之差額等情形，認兩造所約定違約金為27萬2,000元，委屬過高，應核減為12萬元，方稱允適。

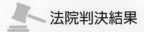

法條停看聽

本案例中，該屋主與透過房屋仲介引介的買方成交，法院認為此舉違約，但法院對於房屋買賣案件的違約金，通常都會斟酌雙方所支付成本及所承受損失等因素考量。讀者若真的面對求償的時候，可以在依據民法第252條的規定主張酌減違約金，不要單純的就賠償全額違約金。

別讓你的權利睡著了！

房仲業界有所謂「踩線」的競爭，也就是說，當你的房屋被拿到成屋市場銷售時，除了有想要買房屋的買家會看屋之外，也會有想要和你簽約的房仲看屋。房仲業者為避免自己投注非常多的銷售資源在一間房屋上，卻被其他房仲業者踩線，而造成銷售資源的損失，都會希望屋主與他們簽立所謂專任委託銷售契約，業界稱之為專任約。簽立專任約後，在專屬銷售期間內，屋主都不可以把房屋交給第三人賣，也不能夠自行成交。

不論專任委託銷售契約或一般委託銷售契約，內政部都有公告定型化契約範本，讀者在簽約前，可將契約攜回，跟內政部版本比對差異，比較能夠保障自己的權益。

但簽下專任約後，消費者不但不能再委託其他仲介業者銷售，消費者本身都不能夠另尋買家。甚至，消費者若要把房屋賣給自己的親戚，都有可能會涉及違反委託契約的問題，除此之外，若是將房屋賣給仲介業者曾介紹的買方，也有可能面對仲介業者的求償。

律師小學堂

消費者簽下專任委託銷售契約時，除了考量賣價外，也要考慮簽下專任約所可能會面對的法律問題。先前提到的臺灣桃園地方法院88年桃簡字第649號民事判決這個案例，讀者除了想到要賠償仲介業者之外，若這個買方也是新的仲介公司找來的，那還得支付一筆仲介費用給新的仲介公司。所以讀者務必謹慎小心契約條款的文字，若讀者發現契約文字對自己不利時，也可以要求在委託銷售契約上，以特約條款的方式記載「仲介業者同意賣方得自行與三等親內之親屬成交」或「仲介業者同意賣方得自行銷售」等語，以避免爭議。

3個月內成交行情，仲介報給你知

　　房子賣貴還是賣得便宜了？往往都是每個屋主在賣屋時最擔心的事，雖然現在已有實價登錄網站，但消費者還想聽聽專業人士的建議。因此，在內政部不動產委託銷售契約應記載事項中，就明確要求房仲業者必須「應據實提供該公司（或商號）近3個月之成交行情，供委託人訂定售價之參考；如有隱匿不實，應負賠償責任」，但這樣的規定在交易時，是不是能夠確實保障讀者的權益呢？我們來看看幾則法院的案例：

法院實際案例分享
案例一

　　朱育與仲介公司簽立委託銷售契約，後來仲介公司覓得與委託條件相符之買方，但朱育卻認為仲介公司並未告知近3個月之成交行情，所以拒絕簽訂買賣契約，仲介公司因而向朱育求償違約金及損害賠償。

 法院判決結果

臺灣高等法院98年度上易字第337號損害賠償事件

消保會公布之「範本」雖規定房屋仲介業者於簽約前應提供該公司近3個月之成交行情供委託人訂定售價之參考,並製作不動產說明書給委託人簽名確認,惟違反上開規定或約定,僅係委託人如因而受有損害,得請求受任人賠償之問題,尚非上訴人得據以拒絕與買方簽訂不動產買賣契約之正當理由。

法條停看聽

在這則案例中,法院認為,雖然房仲公司沒有提供最近3個月內之成交行情,但是賣方屋主只能請求賠償,不能以賣得太便宜為由拒絕簽約。所以讀者在決定賣價前,一定要多方打聽,以免遭受損失。

 法院實際案例分享
案例二

　　美珠先跟A仲介公司洽詢過委託出售房屋事宜,A仲介公司告訴美珠,該地區房價約為1,800萬至2,000萬元之間,後來美珠卻找了B仲介公司出售房屋,但B仲介公司並未告知美珠該地區最近3個月內成交行情。

房屋出售後，美珠覺得房屋被低賣了，便拒絕給付仲介報酬。

 法院判決結果

臺灣臺北地方法院99年度訴字第396號民事判決

被告簽立系爭契約時，就系爭房地鄰近不動產成交行情已有瞭解，並約定最初出售價格為2,680萬元，縱使原告未提供近3個月同路段、同性質之成交行情供參考，被告亦不致受有誤導。

> **法條停看聽**
>
> 法院認為雖然B仲介公司沒有提供最近3個月內成交行情是屬違約，但消費者已經從A仲介公司知道周遭行情，所以不會因此而受有損害，所以讀者真的面對這類型的訴訟時，千萬別隨意主張自己對當地行情有多瞭解喔。

法院實際案例分享
案例三

　　明裕在與仲介公司簽訂仲介合約的時候，就指定以總價650萬元出售，後來仲介公司果然以650萬元出售，明裕才發現原來自己一開始設定的價格就太低，便拒絕簽約。

 法院判決結果

臺灣高等法院民事判決94年度上易字第488號返還定金事件

本件上訴人既已特定價格委託被上訴人銷售,並無再由被上訴人提供近3個月成交行情供上訴人訂定售價參考必要。

法條停看聽

這個案例應該是很典型的「自作聰明,反被聰明誤」的類型。讀者決定賣價時,其實可以多聽聽房仲業者的經驗,若讀者覺得房仲業者提供的經驗不好,也可以換一間房仲業者,千萬別自以為是,輕易就將房屋賤賣。

別讓你的權利睡著了!

　　仲介業者通常把招攬業務過程中,最好的物件稱為Apple。遇到這種Apple件,通常仲介馬上會通知自己熟識的投資客購入,不會流到一般購屋者手中。而Apple案件怎麼來?要不就是屋主自己缺錢急售!要不就是屋主低估了房屋的價值,所以內政部才在不動產委託銷售契約範本第7條第2款的約定「受託人於簽約前,應據實提供該公司(或商號)近3個月之成交行情,供委託人訂定售價之參考;如有隱匿不實,應負賠償責任。」

　　雖然已經有實價登錄查詢了，讀者可以自己上網查詢周邊房價，影響房價的通常因素不外乎地點、面積、屋齡、樓層、管理……等，由此大概就可以推估你的房價，但若讀者沒時間去查詢，仲介業者依前開約定，仍有告知最近3個月成交行情的義務，讀者不要讓自己的權益睡著了！

 律師小學堂

仲介業者應提供最近3個月內成交行情這個義務，現今大多數仲介業者都有做到，少數仲介業者可能因為資料不足而無法提供，讀者也可以上實價登錄網去查詢，或者是再去詢問其他房仲業者，最好是在多方打聽之下，再決定賣價。

「瑕疵擔保主張」是買方的保護傘

買屋最怕遇到房屋瑕疵,但房屋買賣所涉及的爭議非常多,舉凡常聽聞的凶宅、海砂屋、漏水、坪數短少、黃標屋、紅標屋、壁癌、頂樓加蓋等,到比較罕見的瓦斯天然氣、冷氣、景觀、日照等等不一而足。

基本上,隨著現代人對於住宅環境的重視及房價高漲的情事,將來必然會衍生越來越多的房屋買賣爭議,以下就先說明依據民法的規定,瑕疵擔保的權利該如何行使。接著會在之後的主題逐一就常見的房屋瑕疵類型一一做說明。以下筆者先分享一則滿特別的案例:

 法院實際案例分享

光平買了社區內的住宅,房屋內都沒有任何的問題,但買了之後,才發現社區大廳有嚴重漏水,導致結構出問題,光平要求原屋主負責並要減少價金,原屋主卻說大廳部分有管委會負責與他無關。

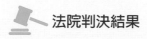 **法院判決結果**

最高法院90年台上字第1460號民事判決

所謂物之瑕疵，係指存在於物之缺點而言。凡依通常交易觀念，或依當事人之約定，認為物應具備之價值、效用或品質而不具備者即為有瑕疵。其以公寓大廈之部分為買賣標的者，其缺點不問存在於專有部分或共用部分，倘其應具備之價值、效用或品質因而不具備者均難謂無瑕疵。

法條停看聽

最高法院的這則判決，已經清楚的解釋了什麼是瑕疵，只要依通常的交易觀念（例如房屋不能漏水），或當事人約定的條款（例如簽約雙方約定房屋每日必須有幾個小時的日照），認為物應具備之價值（例如凶宅會造成價值減損）、效用（例如房屋因海砂屋而變成危樓）或品質（例如漏水而影響房屋結構）不具備，不論這個瑕疵是在專有部分或共用部分，當事人都可以請求瑕疵擔保。

別讓你的權利睡著了！

　　大體而言，涉及房屋買賣爭議，都可以回歸民法關於瑕疵擔保的規定處理，民法所規定的瑕疵擔保種類有兩種，一種是權利瑕疵擔保，一種則是物之瑕疵擔保，以下逐項說明之：

　　一、權利瑕疵擔保：民法第349條規定「出賣人應擔保第三人就買賣之標的物，對於買受人不得主張任何權利。」也就是買賣契約書上常看到的「絕無被他人占有、使用」的用語，如果買到的房屋有產權的爭議，就屬於權利瑕疵擔保的範圍。

　　二、物之瑕疵擔保：民法第354條規定「物之出賣人對於買受人，應擔保其物依第373條之規定危險移轉於買受人時無滅失或減少其價值之瑕疵，亦無滅失或減少其通常效用或契約預定效用之瑕疵。但減少之程度，無關重要者，不得視為瑕疵。」這個條文的用語比較抽象，簡單的說，就是賣方必須擔保點交房屋給買方時，沒有任何足以影響其效用或價值的瑕疵，若有，即是物之瑕疵。舉例而言，凶宅、海砂屋、漏水屋、坪數不足等等都屬於物之瑕疵擔保的範圍。

　　如果買到的房屋，很不幸的有上述的權利瑕疵或物之瑕疵，民法提供買方有以下權利可以行使：

　　一、解除契約或減少價金：依據民法第359條「買賣因物有瑕疵，而出賣人依前五條之規定，應負擔保之責者，買受人得解

除其契約或請求減少其價金。但依情形，解除契約顯失公平者，買受人僅得請求減少價金。」也就是說，當買到的房屋瑕疵嚴重時，買方可以這條的規定主張解除契約，契約一旦解除，賣方就必須返還全部買賣價金，若瑕疵的情形並不嚴重，解除契約顯然對賣方不公平時，買方只能要求減少價金，這時讀者就可以找不動產估價師進行不動產的估價，鑑定應減少的價值多少，要求賣方減價。

二、請求損害賠償：依據民法第360條規定「買賣之物，缺少出賣人所保證之品質者，買受人得不解除契約或請求減少價金，而請求不履行之損害賠償；出賣人故意不告知物之瑕疵者亦同。」讀者在看到這個條文的時候，不要直接就看到法律效果是請求損害賠償。事實上，要適用這個條文有一個前提，必須賣方有保證品質或故意不告知瑕疵的事實。不過由於內政部公告的房屋買賣定型化契約範本附有現況說明書，在有現況說明書的情形下，就屬於賣方保證品質的情形，所以現況說明書是不動產交易秩序中極為重要的文件，後面我們會有專題說明。

不過，若讀者買屋之後，真的發現有瑕疵，民法也很清楚的規定該如何行使瑕疵擔保的程序，讀者務必依照法定程序行使權利，否則一旦過了法律的時效，權利就喪失了，依據民法的規定，瑕疵擔保的程序如下：

一、買方應從速檢查：依據民法第356條「買受人應按物之

性質，依通常程序從速檢查其所受領之物。」

　　二、發現瑕疵應立即通知：依據民法第356條規定「如發見有應由出賣人負擔保責任之瑕疵時，應即通知出賣人。買受人怠於為前項之通知者，除依通常之檢查不能發現之瑕疵外，視為承認其所受領之物。」這個條文的法律效果非常嚴重，主要也是因為物品本身就會折舊減效，如果不盡速通知，到時很難判斷瑕疵到底是發生在點交前或點交後，所以讀者一旦發現買到的房屋有瑕疵，一定要立即以存證信函告知賣方，以免權利喪失。

　　三、通知後6個月內必須解除契約或請求減少價金：依據民法第365條規定「買受人因物有瑕疵，而得解除契約或請求減少價金者，其解除權或請求權，於買受人依第356條規定為通知後6個月間不行使或自物之交付時起經過5年而消滅。前項關於6個月期間之規定，於出賣人故意不告知瑕疵者，不適用之。」這條的規定也很嚴重，如果讀者在通知後6個月內沒有解除契約或請求減少價金，權利也會消滅。所以最妥當的方法就是在發現瑕疵後6個月內，趕快寄發存證信函及向法院起訴，不過這條附有一項但書，就是若是賣方惡意不告知瑕疵的話，就不受6個月期間的限制，但賣方惡意不告知這點，也是買方應舉證的，所以最好還是趕快在6個月內完成法律程序，以免產生爭議。

　　四、如5年內都未發現瑕疵，就不能主張瑕疵擔保：同民法第365條。

 律師小學堂

讀者不論買新成屋或中古屋都有可能面對到房屋的瑕疵問題，房屋瑕疵的種類也越來越多元化，從以往常見的凶宅、海砂屋、漏水屋，到日照權、鄰地通行權等等不一而足。讀者只要能掌握上面的法律程序，依序去主張權利，都可以使自己的權利獲得保障。

用「現況說明書」說清楚，講明白

密密麻麻的房屋買賣契約，有的是重要的文字條款，有的則是一些形式的例稿，讀者在收到一份房屋買賣契約時，除了前面的契約文字外，還會看到在契約後面附著一張現況說明書（附錄二，現況說明書範本），而這張現況說明書居然重要到需要賣方在這份附件上簽名？

其實，現況說明書就是這間房屋的總介紹，舉凡凶宅、漏水、海砂屋、輻射屋、約定共用、約定專用等事項，都要在現況說明書中做一個清清楚楚的交代，若是有交代不清的事項，很容易衍生爭執，我們來看看法院曾經怎麼判決這些跟現況說明書有關的爭議。

法院實際案例分享

案例一

文玲買屋時，賣方屋主在現況說明書上「增建部分是否曾被拆除或接獲過拆除通知」之欄位選項勾選「否」，文玲便安心買屋入住。孰知，一年不到，文玲的頂樓加蓋就被檢舉報拆了，文玲很生氣，便要求解約返還買賣價金。

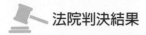 法院判決結果

臺灣高等法院101年度上易字第470號民事判決

兩造簽訂系爭買賣契約時，上訴人曾填寫系爭現況說明書作為系爭買賣契約之附件，而系爭買賣契約第12條載明：「本契約之附件視為本契約之一部分」，足認系爭現況說明書自應視為系爭買賣契約之一部分，上訴人自負有翔實填寫系爭現況說明書之義務。惟上訴人在兩造於99年7月19日簽訂系爭買賣契約之前，既已收受系通知書，對於系爭頂樓增建業經新北市拆除大隊認定屬實質違建，依法不得補辦建築執照手續，若上訴人未自行拆除，新北市拆除大隊將另行定期進行強制拆除等情，當知之甚詳，惟其不但未將此事告知被上訴人或其代理人，甚且於系爭現況說明書第29項「增建部分是否曾被拆除或接獲過拆除通知」之欄位選項勾選「否」，堪認被上訴人主張上訴人以前開方法詐欺伊，致伊陷於錯誤而買受系爭房地及系爭頂樓增建等情，應堪以採信。

法條停看聽

　　法院在這個案件中認為，賣方屋主是以詐欺手段欺騙買方，這在交易秩序中，是比較嚴重的情節。因此，買方除了可以解除契約之外，甚至可以引用民法第92條規定「因被詐欺或被脅迫而為意思表示者，表意人得撤銷其意思表示。」而主張買賣契約無效。此外，前面提到瑕疵擔保有時效問題，買方主張詐欺的撤銷權也有時效問題，但因為買方是被詐欺而簽約，所以民法給受害人更長的時間來主張權利。依據民法93條規定「前條之撤銷，應於發見詐欺或脅迫終止後，一年內為之。但自意思表示後，經過10年，不得撤銷。」也就是說，只要買方於簽約後10年內及知悉被詐欺後1年內提出訴訟就可以保障自己的權利，比起瑕疵擔保的時效，足足多了一倍。所以不論是賣方或買方，一定要切實填載或閱讀現況說明書，以免過戶後8年或9年才產生爭執，到時要主張有在簽約時已有具體說明就很難舉證了。

法院實際案例分享
案例二

　　傳偉賣屋時，在現況說明書「是否有滲漏水情形」處，勾選「是」，並註記滲漏水處為「房間內有濕氣壁癌」，卻沒有說明有漏水，買方入住後，發現房屋有漏水，要求傳偉減少價金。

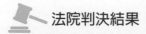

法院判決結果

臺灣高等法院100年度上易字第85號民事判決

系爭房屋於97年2月間由賣方交付予買方時，已發生漏水瑕疵，已如前述，且賣方於附於系爭買賣契約後之「標的現況說明書」第10項關於「是否有滲漏水情形」處，勾選「是」，並註記滲漏水處為「房間內有濕氣壁癌」等情，為兩造所不爭執（見不爭執事項（二），見原審卷第57頁），是以賣方既僅記載房間有濕氣壁癌，對其他瑕疵項目均無記載，即可認賣方係保證系爭房屋除有濕氣壁癌外，無任何漏水、裂縫等瑕疵之品質，揆諸前開規定，賣方自應負物之瑕疵擔保責任。

法條停看聽

本件賣方屋主只有說明有滲水，但事實上並非只有滲水，而是達到漏水的程度，因此法院認為賣方屋主告知不翔實，仍要負瑕疵擔保責任。

別讓你的權利睡著了！

　　現況說明書是屋主對自己房屋情況的敘述，讀者可以在內政部版的委託銷售定型化契約中，找到現況說明書的範本。現況說明書是房屋交易安全中最重要的文件，不動產仲介經紀業管理條例第23條規定，「經紀人員在執行業務過程中，應以不動產說明書向與委託人交易之相對人解說。前項說明書於提供解說前，應經委託人簽章。」

　　所以讀者在看一份現況說明書前，除了看清楚內容外，也要看看是不是由委託人所簽名的，才不會因為現況說明書而產生問題。

　　此外，不動產仲介經紀業管理條例第24條「雙方當事人簽訂租賃或買賣契約書時，經紀人應將不動產說明書交付與委託人交易之相對人，並由相對人在不動產說明書上簽章。前項不動產說明書視為租賃或買賣契約書之一部分。」

　　所以只要在不動產現況說明書上簽名，就等同認可現況說明書的內容，而發生拘束簽約當事人的效力。因此在閱讀或填寫現況說明書的時候，一定要特別小心謹慎，以免權益受損。

律師小學堂

由瑕疵擔保及現況說明書可以知道，雖然法律規定很多關於瑕疵擔保的權利，但要實現這些權利往往都需要透過舉證，現況說明書就是提供給買賣雙方最容易的舉證方式，也因為現況說明書就是賣方對自己屋況的擔保，所以買方都可以循這個擔保要求賣方負擔更重的擔保責任。

所以，讀者不論是以買方的角色閱讀現況說明書，或者是以賣方的角度填寫現況說明書，一定要再三小心謹慎。否則，小小一張現況說明書，便有可能衍生很大的法律問題。

凶宅認定大不同

　　凶宅是現在最多新聞在報導的主題，但凶宅並不會造成房屋使用效能的減低，所以最初的法院見解認為，凶宅不見得會構成房屋的瑕疵，但大家在買屋的時候，都不願意買到凶宅，所以凶宅確實造成交易價值的減損，於是法院原先是認為買到凶宅可以減少價金，現在則是放寬到認同買到凶宅可以解除契約。但凶宅的認定還是一件很複雜的事情，筆者也經常被仲介業務員問到「這樣的情形算不算凶宅？」的問題，以下我們就來看看法院如何認定凶宅。

法院實際案例分享
案例一

　　某人在某房屋的專有部分陽台跳樓死亡，陳屍於地下室停車場1樓入口車道上，這樣子該屋是否認定為凶宅。

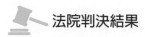 **法院判決結果**

高雄地方法院97年度訴字第586號返還買賣價金事件

在判斷房屋是否為「凶宅」時，並不以「發生兇殺或自殺致死」之「人」應陳屍屋內為必備要件，且應考量事發經過、該事件公諸於外之程度、事件經過時間久暫等因素，並非以「曾發生兇殺或自殺致死之情事」之房屋，一概均認係凶宅而構成物之瑕疵，否則將影響房市交易之公平性、安全性及發展性。

臺灣臺北地方法院96年度訴字第8434號減少價金事件

雖系爭房屋跳樓之人死亡地點並非在屋內，惟判斷房屋是否為凶宅，並不以自殺致死之人是否死於屋內為必備要件。

法條停看聽

這則案例是因為死者在某房屋專有部分的陽台求死，雖陳屍地非專有部分，但該房屋仍被法院認定為凶宅（以原因發生地點為準，陳屍地點不論）。

法院實際案例分享
案例二

　　秦如玉買屋時不知道房屋是凶宅，發現是凶宅後，便亟欲將房屋轉售賣出，便在現況說明書關於凶宅的部分勾選「否」。新屋主買屋入住後，知道是凶宅，便要求秦如玉要負賠償責任，秦如玉卻辯稱又不是她持有房屋的時候發生命案，不願意負責。

法院判決結果

臺灣臺北地方法院99年度訴字第218號返還買賣價金事件

雖自殺情事並非發生於被告持有系爭房屋之時間內，但系爭房屋確屬凶宅，雖或未對此類房屋造成直接「物理性」之損傷，惟就一般社會大眾言，心理層面仍產生負面影響，買賣價格當然低落，經濟價值減損，揆諸前揭說明，已屬物之瑕疵，無論出賣人即被告有無過失，均應對買受人即原告負物之瑕疵保責任。

法條停看聽

法院認為如果不論賣方有無過失而未查清是否為凶宅，均要對新的買方負責，所以讀者千萬不要以為不是在自己產權期間內發生命案，就可以不用告知。（雖非發生於賣方持有期間之非自然身故，賣方仍須負責）。

法院實際案例分享
案例三

古仁被發現在屋內浴室上吊自殺,由救護車送至臺北榮民總醫院急救,醫生宣布急救無效死亡,經檢察官相驗後,相驗屍體證明書記載:「死亡原因:直接引起死亡之原因:甲、窒息,乙、(甲之原因)縊死。」這樣該屋是否被認定為凶宅?

 法院判決結果

臺灣臺北地方法院99年度重訴字第1160號返還價金事件

死者在系爭房屋上吊自殺,堪以認定,故原告主張系爭房屋係屬凶宅而具有物之瑕疵等節,尚屬可採。

法條停看聽

法院認為致死原因是發生於房屋內,雖然到院後才宣告死亡,仍然會被認定為凶宅(自殺身故即使到院宣告急救無效死亡,仍為凶宅)。

法院實際案例分享
案例四

梁京金經營銀樓生意,卻遭歹徒入侵行搶並開槍射殺,梁京

金當場中彈，經送醫急救後，因傷重失血過多於當日中午不治死亡，這樣該銀樓是否被認定為凶宅？

 法院判決結果

臺灣臺北地方法院96年度訴字第2417號返還價金事件

在判斷一房屋是否為「凶宅」，除應具備「發生兇殺或自殺致死」之「人」應死於屋內外，並應考量案發事情大小、案件經過時間長短等因素，並非以「曾發生兇殺或自殺致死之情事」之房屋，一概均認係「凶宅」而構成物之瑕疵，否則將影響房市交易之公平性、安全性及發展性。查本件系爭房屋之被害人系爭房屋經營銀樓生意，於77年4月3日上午9時許，遭歹徒侵入開槍射擊，左胸中彈，經民眾將其送往馬偕醫院急救之事實，為兩造所不爭執，並有原告所提出之剪報資料及被告所提出之剪報資料、相驗屍體證明書在卷可稽，堪信為真。果爾，被害人係因傷勢過重於醫院不治死亡，並非死於系爭房屋內，尚與「凶宅」要件不合。

法條停看聽

法院認為兇殺案件的被害人是到院死亡而非陳屍專有部分內，這樣的房屋並不被認為是凶宅（他殺案件，到院死亡並非凶宅）。

法院實際案例分享
案例五

　　烏仲伊的樓上住戶在屋內燒炭自殺，烏仲伊賣屋時也沒有在現況說明書中註記，新屋主買屋入住後發現此事，要求烏仲伊要減少價金。

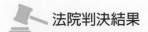

法院判決結果

臺灣高等法院97年度上易字第1038號給付違約金事件

自難責成被上訴人須於出售系爭房地時就上下左右鄰舍所發生之所有「非自然身故事件」均應告知上訴人。從而上訴人所辯被上訴人對該溺斃事件亦有告知義務云云，應不足採。

> **法條停看聽**
>
> 一樣的從內政部函釋的角度出發，這個案子的自殺致死原因及陳屍地點，均非於烏仲伊的專有部分內，所以烏仲伊的房屋不算凶宅（上下左鄰右舍之非自然身故〔間接凶宅〕無須告知）。

法院實際案例分享
案例六

范姜買了一間新成屋，入住後才知道那間房屋發生過工安意外，有建築工人死於屋內，范姜認為這樣會造成房屋價值減低，要求建商要負賠償責任。

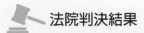

法院判決結果

臺灣高等法院台南分院100年度上易字第44號減少價金事件

惟若係房屋興建過程中曾發生工安事件，衡諸一般交易觀念，難謂該工安事件係屬非自然事故，而有導致系爭房屋價值、效用、品質減損之物之瑕疵情事，是該情形與標的物有重大瑕疵尚屬有間。

法條停看聽

這樣的工安意外並非發生於產權持有期間，法院認為這樣的工安意外不會導致房屋價值、效用、品質減損，所以不認為這樣的房屋是凶宅（建築過程中發生的工安事件並非凶宅）。

法院實際案例分享
案例七

　　武漢青買的房屋在25年前曾發生過命案，武漢青賣屋時並沒有特別在現況說明書中告知，買方買屋入住後聽聞此事，便要求武漢青要減少價金。

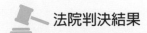

法院判決結果

臺灣高等法院99年度上字第1105號減少買賣價金事件

酌系爭房屋發生自殺死亡事件係於72年間，距上訴人於96年間買受已有24年，縱一般社會通念上認自殺死亡事件為不祥，然該主觀心理因素應已因時隔久遠及上述系爭房地長期有人居住，其後亦未發生其他事故等情而消除，難認系爭房地有減少價值之瑕疵。

法條停看聽

由這則判決可以知道，法院認為凶宅並不會是一個永遠的瑕疵，若時間年代久遠，且這段時間都有人居住，也沒發生什麼不幸的事件，這樣法院就認為在房屋交易市場上，並不會因為多年前的命案而減少價值，所以不認為這種情形可以減少價金（死亡與出售時間時隔久遠，期間若無其他事故發生，難認有價值減損之瑕疵）。

別讓你的權利睡著了！

看完那麼多的案例，有沒有任何脈絡可以幫忙讀者瞭解何謂凶宅呢？內政部曾以內授中辦地字第0970048190號函釋說明凶宅的定義「係指賣方產權持有期間，於其建築改良物之專有部分（包括主建物及附屬建物），曾發生凶殺或自殺而死亡（不包括自然死亡）之事實（即陳屍於專有部分），及在專有部分有求死行為致死（如從該專有部分跳樓）；但不包括在專有部分遭砍殺而陳屍他處之行為（即未陳屍於專有部分）。」

簡單的說就是有以下三個條件：1. 時間：必須在賣方產權持有期間。2. 地點：必須陳屍於專有部分。3. 若是自殺，則在專有部分求死，也屬於凶宅。

🍼 律師小學堂

總的來說，凶宅的認定大略都是內政部那則函釋的定義範圍，不過由於房屋價格高，所以一點點的瑕疵都會造成很大的價值減損。如果讀者有自己的房屋是否為凶宅的疑慮，建議都在現況說明書中據實填寫告知，一旦有爭議，最後就算法院判決這間房屋不是凶宅，但也要經歷多年訴訟，而若讀者是房仲從業人員，最好也要一律告知，以免屆時被控告返還仲介費用，就得不償失了。

買到凶宅怎麼辦？

在前一個主題，已經跟大家說過凶宅該如何認定了，如果讀者真的很不幸地買到一間凶宅，該如何是好？讓我們來看看法院的案例：

法院實際案例分享
案例一

稻玫買屋入住後才聽說那間房屋內曾發生燒炭自殺的命案，便向屋主要求解除契約。

法院判決結果

臺灣板橋地方法院99年度訴字第1543號返還買賣價金事件

被告既應對原告負該買賣標的物無通常交易觀念上之重大瑕疵之擔保責任，而系爭房屋於原告買受前，復確實曾有燒炭自殺之情事發生，應認屬物之瑕疵無訛，則原告據以主

法條停看聽

法院認為凶宅已經是交易觀念上的重大瑕疵，所以買方可以根據關於瑕疵擔保的規定解除契約，而不僅僅只有減少價金。

張本件買賣之標的物有瑕疵，依民法第359條規定，得解除契約，即非無據，抑且本件解除兩造間之不動產買賣契約，對於被告而言又無何顯失公平之處，自應予以准許。

法院實際案例分享
案例二

陳軒知道某間房屋是凶宅，屋主正要便宜賣出，陳軒認為有利可圖，便以低價購入後，隱瞞房屋是凶宅的事實，轉手以市場價賣出，新屋主後來發現此事，便向法院控告陳軒涉犯刑事詐欺罪。

法院判決結果

臺灣板橋地方法院98年度易字第2039號刑事判決
陳軒利用上開不動產標的現況說明書第24條條款僅顯示於「買方產權持有期間」是否發生非自然身故情事之漏洞，全

法條停看聽

法院認為陳軒是利用契約上的漏洞牟利，仍然構成詐欺罪。提到詐欺，讀者是否還記得先前有說過若是因被詐欺而簽約，可以主張撤銷意思表示，而撤銷權的時效相較於瑕疵擔保請求權的時間長了一倍這一點？讀者也可以在這則案例中援用民法第92條的規定撤銷意思表示，而主張買賣契約無效。

然未告知於非產權持有期間曾發生非自然死亡之重要情事，
其顯有故意隱瞞前開情事致告訴人陷於錯誤之詐欺故意。

別讓你的權利睡著了！

雖然有一部分的法院認為凶宅並不影響居住的價值，但因為社會環境的關係，大多數人還是不願意住在凶宅裡，所以凶宅的確會造成房屋價值的減損。因此，大多數的法院都已經認為若是買到凶宅，買方可以要求減少價金。

甚至，因為國內有部分銀行對於凶宅案件的貸款審核比較嚴謹，導致日後脫手不易，因此，有部分的法院甚至認為買到凶宅可以解除契約請求賠償。

律師小學堂

買到凶宅真的是件很困擾的事，在訴訟的過程中要透過打官司，由法院判斷是否為凶宅，期間到底是住進去好還是搬出來好？對買屋的人都會是一種困擾，凶宅在外觀上很難看出來，只有多打聽、多問，並看清楚現況說明書的記載，才能夠避免買到凶宅。

別落入「現況點交」的陷阱

　　讀者若有買賣屋的經驗，對於「現況點交」四個字應該不陌生！對於什麼是現況？現況點交又會有什麼影響？讀者有沒有仔細想過呢？我們接下來看看法院對於「現況點交」四個字如何認定！

法院實際案例分享
案例一

　　紀夏買屋簽約的時候，契約上面記載依現況點交，但賣方屋主卻沒告知房屋是海砂屋，紀夏入住後才發現有牆壁龜裂的痕跡，便要求解除契約，屋主認為契約上已記載按現況點交，所以不用再負責。

法院判決結果

臺灣新北地方法院100年重訴字第318號民事判決

次按以特約免除或限制出賣人關於權利或物之瑕疵擔保義務者，如出賣人故意不告知其瑕疵，其特約為無效，民法第366條有明文規定。被告雖抗辯兩造就系爭建物約定就房屋現況

點交，是原告自不得主張解除契約云云，惟查：系爭建物雖於兩造簽訂系爭買賣契約時已有21年之屋齡，然依通常交易觀念，其中古房屋之結構仍必須達到可居住並且安全無虞之程度，始具備通常交易觀念之效用及品質，縱使兩造約定就房屋現況點交，然並未合意排除系爭建物關於通常交易觀念之效用及品質，況依據系爭買賣契約書第5條第5款約定，乙方即被告就買賣標的依法對甲方即原告負有瑕疵擔保責任，故被告仍應負物之瑕疵擔保責任自明。

法條停看聽

在這則案例中，法院認為現況點交的約定，並未排除房屋必須合於通常交易觀念的效用或品質。因此，若原屋主惡意不告知瑕疵或者是該瑕疵已經危及了房屋的居住安全，買方還是可以要求屋主負瑕疵擔保責任。

法院實際案例分享
案例二

君君買屋時，契約約定現況點交，入住後才知道房屋是凶宅，君君向賣方屋主主張解約，但賣方屋主卻說當初約定現況點交，所以即使是凶宅也不能夠要求解約。

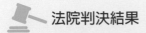 法院判決結果

臺灣高等法院高雄分院99年上易字第333號民事判決

所謂現況交屋，係不動產買賣實務上使用之文字，通常係作為減少或免除出賣人物之瑕疵擔保責任之判斷依據，揆其意旨，乃係指對於出賣人出賣之房屋，於簽約時，就房屋物理存在性質，包括房屋材質、新舊、結構、裝潢、格局等，可任由買受人依肉眼觀察，或用手觸摸，或用嗅覺去感受者，均以交付房屋當時之現況為據，惟如非可由買受人目視、手摸或嗅聞之事項或現象，自不應納入現況交屋的範疇內，凶宅既無從由買受人以五官、手去感受，出賣人自不得以所謂現況交屋免除其物之瑕疵擔保責任。

法條停看聽

由這則判決可知道，若房屋的瑕疵並非以五官、手可以感受到的範圍，就不能因為約定現況點交而免責。

別讓你的權利睡著了！

　　房屋的瑕疵不一定都會在交屋前發現，若是交屋後發現，有的瑕疵很難判斷到底是交屋前發生或是交屋後產生，若是交屋前發生，原屋主要負瑕疵擔保責任，若是交屋後產生，買方就要自

己承擔那部分的瑕疵。

　　所以為了避免瑕疵發生時間的爭議，有些人就會在買賣契約上註記依現況點交，既然是現況，即使是現存但未發現的瑕疵，買方也得自行負擔。

　　但現況點交並不能全盤排除原屋主的瑕疵擔保責任，若原屋主惡意不告知瑕疵或者是該瑕疵已經危及了房屋的居住安全，買方還是可以要求屋主負瑕疵擔保責任。

律師小學堂

現況點交是很多人會在房屋買賣契約上記載的事項，但現況點交並不是免責的萬靈丹，若房屋有危及使用效能或無法以五官、手去感受的瑕疵，賣方屋主恐怕仍然要負責，所以千萬不要以為用「現況點交」四字就可以免除自己的瑕疵告知責任。

漏水屋，住居噩夢的開始

　　房屋漏水是買屋最痛苦的夢魘，因爲即使功力再好的師傅，都不敢擔保以後不會再漏水，而長期滲漏水形成的壁癌，不但有害美觀，也是過敏源之一，但讀者可能不知道，長期的漏水甚至會危害結構安全，讀者在面對漏水屋時，千萬得小心謹愼，不要以爲看不到漏水就沒事了，我們來看看法院對於漏水屋會怎麼判決呢？

法院實際案例分享
案例一

　　若安買進房屋之後，發現天花板雖然沒有漏水，但卻有滲水產生的水漬及壁癌，希望原屋主能減少房屋價金。

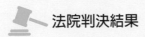

法院判決結果

臺灣臺北地方法院102年度店簡字第792號判決

本件原告主張系爭房屋龜裂已生壁癌等瑕疵乙情，業據提出照片及估價單可稽，依照片顯示，系爭房屋牆面產生大範圍剝落，天花板亦可見滲水情形，足認原告主張屬實，且該瑕

疵構成通常效用之瑕疵，故依前揭規定，原告自得依法請求減少價金35,700元。

臺灣新竹地方法院95年竹小字第306號民事判決

又參酌一般買賣房屋之交易習慣，買屋者所期待者，衡情應係買受一無滲漏水之虞之房屋，是系爭房屋應具備無滲、漏水情形等而可供原告為正常使用等價值，應堪認定。

法條停看聽

不論漏水或滲水，讀者都可以主張有瑕疵，若是讀者買屋之後，發現牆壁產生水漬，一定要循前述瑕疵擔保的程序趕快行使權利，以免時效已過，權利喪失。

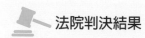

法院實際案例分享
案例二

洪祖明買屋發現漏水，能否要求減少價金？

法院判決結果

臺灣臺北地方法院102年度北訴字第14號民事判決

系爭房屋於買賣時，於無漏水情況下所形成之價格為35,262,967元，當時因漏水導致價格減損之金額為1,497,934

元等情，已如前述，是系爭房屋於買賣時無瑕疵物之應有價值為35,262,967元，瑕疵物之應有價值為33,765,033元（即35,262,967－1,497,934＝33,765,033），而系爭房屋之買賣價金為3,500萬元等情，亦有買賣契約書影本在卷可佐，則原告所得請求之減少價金數額為1,486,763元。

法條停看聽

在這則案例中，法院委請不動產估價師估算房屋因為漏水而導致的價格差異，再以此差異認定房屋減損的價值，讀者若遇到漏水屋時，也可以委請不動產估價師鑑定因此減損的價值有多少，作為請求賠償的依據。

別讓你的權利睡著了！

漏水屋是房屋交易時最容易產生紛爭的地方，主要是因為漏水到底是交屋前還是交屋後，而漏水造成價值減損多少，都是在訴訟上很容易產生爭執的地方。

讀者買到房屋入住後，若發生滲漏水的情形，可以盡速將滲漏水的地方錄影存證，若雙方對於滲漏水原因到底發生於點交前或點交後有爭執，可以委由土木技師或結構技師進行鑑定，若對漏水影響房價有爭執，可以由不動產估價師進行鑑定，但不論如

何，一定都要循前述瑕疵擔保的程序，盡快完成法律動作，以確保自己的權益。

🔖 律師小學堂

讀者面對漏水屋時，除了好好打官司之外，在修繕漏水時，也可以請修繕師傅出具保固，因為有時漏水不是一次就可以修好，若有保固，讀者便可要求修繕師傅再回來重新抓漏，但最好是等到鑑定結果出來之後再進行抓漏，以免證據滅失，到時要訴訟就無法舉證囉。

看懂「氯離子」含量

說到海砂屋，讀者一定都會想到氯離子含量，但讀者知道嗎？事實上國內並沒有公告海砂屋的認定方法，所以氯離子含量怎麼看就會是一個很重要的課題。

 法院實際案例分享

淑琴買了一間民國80年蓋好的房屋，簽約後才進行氯離子檢測，發現氯離子含量為$0.4kg/m^3$，淑琴主張房屋是海砂屋，要解除契約，賣方屋主卻說建築完成日期在民國87年6月24日前的氯離子含量標準是$0.6kg/m^3$，淑琴不能解除契約。

 法院判決結果

臺灣高等法院99年度重上字第740號民事判決頗值參考

目前國內並無關於海砂屋之國家標準存在，而系爭房屋所在之大樓並非臺北市政府所列管之海砂屋，有98年12月23日修正更新之「海砂屋列管名冊」在卷可憑。前揭混凝土氯離子含量國家標準CNS3090，係經濟部標準檢驗局（原名為經濟

部中央標準局）於83年7月22日訂定，後於87年6月25日修正，在87年6月25日修正前，一般新拌鋼筋混凝土之標準值為0.6kg/m³，修正後始變更為0.3kg/m³等情，有前開土木技師公會測試報告可參，該標準係新拌混凝土中水性氯離子含量之限制，並非已建造完成多年之中古屋之混凝土氯離子含量之國家標準尚難逕作為判斷系爭建物是否為海砂屋之單一標準，況系爭房屋現況，其混凝土氯離子含量未逾0.6kg/m³，可知系爭房屋於建造時，確符合前開87年修正前之CNS3090國家標準，自難據而認定系爭房屋係屬海砂屋。

法條停看聽

由這個案件可以知道，雖然氯離子含量不符合現行標準0.3kg/m³，但若是在民國87年6月24日建築標準修訂前完成之建築，其標準為0.6kg/m³，讀者一定要仔細看清楚建築完成日期，以免日後爭訟敗訴。

別讓你的權利睡著了！

前面提到漏水的問題，漏水不一定只是因為房屋老舊或管線破裂，有一部分的漏水原因就是因為房屋本身就是海砂屋，由於海砂中含有氯離子，所以導致鋼筋鏽蝕及混凝土剝落，因而導致漏水，所以海砂屋可以說是房屋價格的最強殺手，銀行多半不願

意承作海砂屋的貸款。讀者在購買房屋時，一定要特別注意海砂屋的問題，以免告貸無門，即使購入了，日後也難以脫手。

但海砂屋並沒有國家標準，一般常規是氯離子含量0.3kg/m³，但在民國87年6月24日之前，因混泥土氯離子含量標準尚未修正，所以若建築完成日期在87年6月24日前，標準則是0.6kg/m³，一般契約中也經常會以這個日期為分界而區分不同標準，讀者購屋時要特別注意。

律師小學堂

不論氯離子含量是否符合契約的要求，現在銀行貸款流程，只要房屋屬於海砂屋，就可能不予核貸，讀者寧可在購屋前再三確認是否為海砂屋。現在有些海砂屋在縣市政府是列管有案，讀者可以上網進行查詢。在簽約時也可以多問問其他仲介，該社區是否有海砂屋的情形，千萬別貿然簽約造成金錢損失。

驚！我買到海砂屋？！

前面提到海砂屋不是只看氯離子含量，若讀者眞的買到了海砂屋？或者讀者的房屋被鑑定爲海砂屋，該如何是好呢？

法院實際案例分享
案例一

吳語買屋入住後進行裝潢，發現房屋有水泥剝落、鋼筋外露，經過檢測後，才發現房屋的氯離子含量過高，便要求解除契約，卻遭原屋主拒絕。

法院判決結果

臺灣臺北地方法院93年訴字第557號民事判決

按出賣人就買賣標的物應無滅失或減少其價值之瑕疵，亦無滅失或減少其通常效用或契約預定效用之瑕疵，民法第354條定有明文。又為居住而購買房屋，依社會觀念，購屋者莫不期望所購買之房屋堅固、耐用而提供基本程度之安全，如房屋構造本身失其安全性，不論自主觀與客觀之價值與效用而觀均為減損，而構成瑕疵；出賣人所出售房屋氯離子含量過

高而為俗稱之海砂屋者，將影響房屋結
構安全隨時間經過危險性增加，一
般買受人於訂約時如知所購屋者為
「海砂屋」，皆會拒絕訂約，則於
訂約後發現，而該屋結構安全難以
補強修復，應認符合前開規定所稱之瑕
疵，而得依民法第359條規定解除買賣契約。

法條停看聽

基本上大多數買到海砂屋的案例，法院都會同意解除契約。

法院實際案例分享
案例二

常伍星不知道自己的房屋是海砂屋，出售之後，買方進行檢測，發現房屋是海砂屋，要求常伍星解約返還價金。

法院判決結果

最高法院92年台上字第2463號民事判決

惟查系爭房屋雖有原審所認定混凝土之氯離子含量過高及抗壓強度不足之瑕疵存在，但依據89年10月17日臺灣省土木技師公會就該房屋結構安全所為之鑑定報告書，該公會除建議以裂縫表面密封法或樹脂注入填塞法修補裂縫外，並提出混

凝土保護層剝落及抗壓強度不足之修復方式暨徹底解決混凝
土氯離子含量偏高之防蝕處理法，以恢復系爭房屋之原有結
構強度（見鑑定報告書7—9頁），而上開鑑定報告書記載前
述修復方式為原則性之建議，應視實際情況加以適當修正，
並另行委託專業人員辦理，則係
指細節方面，似非謂瑕疵不
能修補，且遭氯離子腐
蝕之鋼筋，鑑定人既陳
稱可另補強到原來之強
度，亦非不能修補，由
是以觀，系爭房屋前揭瑕
疵是否不能補正，即非無疑。

法條停看聽

在最高法院的這則案例裡，由於土
木技師公會出具報告，可徹底解決氯離
子含量過高之防蝕處理，並能回復原
有結構強度，因此最高法院認為若
瑕疵可以補正，就可能不能
解除契約。

別讓你的權利睡著了！

上面兩則案例，剛好可以由買方及賣方的角度出發來面對海
砂屋的爭議，但事實上，海砂屋一定都會造成房價下跌，所以讀
者若真的面對這樣的鑑定報告說可以完全修補，也要退而主張價
格減低。

另外，先前說過，一般契約對氯離子含量約定標準是建築完

成日期在民國87年6月24日前0.6kg/m³，在民國87年6月24日之後則是0.3kg/m³，但當你不慎簽約購入了海砂屋，或現在住的房屋就可能是海砂屋，並非只能乖乖的接受這樣的結果。

首先，我們可以質疑檢測報告的取樣，依據臺北市高氯離子混凝土建築物鑑定手冊的規定，建築物的檢測取樣，必須在各樓層混凝土檢測取樣數至少每200平方公尺一個，每樓層不得少於3個，若不符合這樣的檢測方法，都可以否認檢測報告的效力。

接下來，海砂屋並不是只有氯離子含量這一個檢測方法，同樣依據臺北市高氯離子混凝土建築物鑑定手冊的規定，讀者可以要求進行下列兩項檢測，以確保建築結構安全：

一、鋼筋檢測：目視檢測或斷面量測為主，必要時增加腐蝕速率檢測。

二、混凝土檢測：抗壓強度、氯離子含量、中性化深度及鋼筋保護層厚度檢測。

若讀者是買方，發現房屋無法通過上述檢測，即使氯離子含量符合標準，也可以結構安全有問題而要求解除契約，若讀者是賣方，就可以主張結構安全無虞，即使氯離子不符合標準，也不能解除契約。

 律師小學堂

海砂屋可謂是房屋瑕疵中的第一殺手，只要有海砂屋的情形，大抵上都可以要求解除契約，但氯離子檢測有非常多的技巧，讀者在進行檢測時，一定要找經過認證的實驗室，讀者也可以在網路上下載「臺北市高氯離子混凝土建築物鑑定手冊」，看看是不是能夠有挽回的機會喔。

可量身訂作的「特約條款」

讀者簽訂買賣房屋契約的時候，在合約的最後一頁都會有一條特約條款交由簽約雙方磋商，這個特約條款到底有什麼效力？在磋商特約條款時，又該注意哪些事項？我們看看以下的案例。

 法院實際案例分享

怡慧買屋時，看到廣告上標榜挑高可設計夾層，便簽約購買，孰知簽約後進行裝潢卻被報拆，怡慧要求建商要負責賠償夾層面積的損失，建商卻說在特約條款中已限定買賣條件以契約為準。

 法院判決結果

臺灣臺中地方法院98年消字第8號民事判決

原告訂購系爭房屋時，訂購單係就夾層面積「約3.62坪」另為記載，特約條款載明「買賣條件以雙方所訂房地買賣契約為準」。其簽訂之房屋預定買賣契約第1條約定：「廣告效力：本預售屋之建材設備表、房屋及停車位平面圖與位置示

意圖，視同合約之一部分。」第3條約定：「房屋出售面積及認定標準：本房屋面積共計34.42坪，包含主建物面積計21.07坪，附建物面積計30.09坪，共同部分面積計9.63坪」，核與訂購單所載房屋面積相符，對照附件（五）「面積計算分攤及保存說明」未包括夾層面積，附件（十）「房屋平面圖」亦不包括夾層部分，已難遽認本件夾層部分屬系爭房屋買賣契約之內容。

法條停看聽

在這則案例中，法院認為訂購單雖然有記載夾層屋，但後來買賣契約的特約條款中，明確的排除了訂購單的效力，且整個契約的面積核算下來，本來就不包括夾層屋，因此判決消費者不能以此求償。所以消費者若有談妥契約外的任何條件，一定都要在特約條款中記載，以免產生爭執。

別讓你的權利睡著了！

所謂特約條款，有別於定型化條款，是簽約雙方就個別磋商的條款，因此特約條款有排除定型化條款的效力。

所以讀者在簽約時，如果有任何特殊需求，例如擔心銀行無法核貸、借屋裝修等等的事項，都可以在簽約前提出來，此外，

讀者若已與建商或他方談妥任何條款，也都應該在特約條款中記載，只要記載於特約條款中，就有排除前面定型化條款的效力，讀者不可不慎。

律師小學堂

特約條款是契約中經過簽約雙方磋商而成立之條款，在性質上也屬於契約的一部分，其效力甚至可以排除其他定型化條款，買賣房屋時常常會有很多提前點交借屋裝修、延後點交等等的事項都可以在特約條款中約定，現行房屋仲介實務也常常會有「如銀行無法核貸買賣價金七成，本約自動解除」的約定，讀者若是購買一些可能有瑕疵的房屋，擔心銀行不願意貸款時，也都可以在特約條款中約定，以維護自己的權益。

多付錢買了頂樓，卻不能專用？

現在大多數的城市地區房屋都是公寓大廈，而有點年份的公寓，往往都會約定由5樓住戶使用頂樓平台，1樓住戶使用庭院，但其實如果讀者有看一下土地建物權狀的話，這些頂樓平台或1樓庭院產權都是均分的，那也就是所謂的「約定專用」部分，約定專用部分在買賣屋時會造成怎麼樣的爭議呢？我們看看下面的說明。

 法院實際案例分享

朱永豐買了一間公寓房子，賣方屋主已有告知頂樓平台是被5樓住戶使用，朱永豐辦妥過戶後，卻要求5樓住戶應將頂樓平台清空，交還給全體住戶使用。

 法院判決結果

最高法院102年台上字第1279號民事判決

按公寓大廈管理條例施行之前，若大樓各承購戶、建商與地主，就地下室樓層如何分配使用之情形，訂有分管之約定，

此應解該大樓共有人已默示同意成立分管契約，而其之後受讓人知悉或可得而知該分管契約，應受分管契約之約束，以維持共有物管理秩序之安定性。然該分管契約倘未經全體共有人之同意終止，自不因公寓大廈管理條例施行後區分所有權人會議決議另訂規約而失其效力。

法條停看聽

所謂分管之約定就是全體住戶對於頂樓平台、庭院等協議由某戶住戶專用的約定，最高法院這則判決說明了很多約定專用的法律關係，逐一分析如下：

1. 後來買房屋的住戶若知悉有分管協議存在，就應該要受分管協議的約束，反之，若後來買屋的住戶不知道，就可以主張不受拘束。

2. 但若後來買屋的住戶依照情形判斷，應該要知道有分管約束，例如頂樓平台上就是有一個門戶深鎖的頂樓加蓋，一樓庭院除了一樓住戶外沒有其他通道可進入等等，後來買屋的住戶也不能主張不受拘束。

3. 分管協議若沒有約定專用期限，除非經過全體住戶同意，否則不能由任一住戶擅自取消分管約定。

別讓你的權利睡著了！

現在的大廈大多數都已經有規約，規約上面都有記載哪些部分是約定專用，哪些部分是約定共用，但還是有很多老公寓，1樓庭院會讓1樓住戶使用，頂樓平台則讓頂樓住戶使用。在大家一開始鄰居關係很好的時候，也許都不會產生問題，但房屋總有轉手的時候，一旦轉手，大家已經沒了舊鄰居的感情，很容易因為使用而產生紛爭，所以有些約定專用或約定共用的部分，簽約時，就要在不動產現況說明書中交代清楚，以免日後產生爭議，而衍生賠償責任。

將自己房屋產權內的任何一部分，約定交給全體住戶使用的約定共用，當你要將房屋售出時，買方的使用坪數減少了，因此要告知買方約定共用的事實。

若讀者本身只是單純的2、3、4樓住戶，並沒有使用任何庭院跟頂樓平台，在這種情形下，很多人都以為賣房時並不用告知，但事實上，因為頂樓平台跟1樓庭院都是屬於自己產權的一部分，卻因約定專用給了1樓住戶或頂樓住戶而無法使用，這也是一種使用坪數減少的情形，當然也要告知買房屋的人，否則買房屋的人不承認有這樣的約定，就會衍生訴訟糾紛。

律師小學堂

約定專用的部分需要告知，若沒有告知新買主，新買主很有可能對舊鄰居提告之外，也有可能對原屋主提告，因為原屋主把他可能有的權利約定給了別人行使，但現行的不動產現況說明書雖然有要求屋主要記載關於約定專用的事項，但對於約定共用部分則未要求記錄，但約定共有也是使用權利的減少，讀者在簽約時，最好能在特約條款中告知，以免爭議。

你買到的不一定是車位？

公寓大廈的車位因為這幾十年來建管法令的變動，造成有的人車位有獨立權狀，有的人車位沒有獨立權狀，加上以前建管法令鬆散，所以常常會有核發使用執照後，才改變車位形式，將原本平面車位變成機械車位，這樣建商可以多賣一個車位，一旦機械車位被報拆，上下層車位的所有人就會產生紛爭，接下來我們就一起來瞭解車位權狀的奧妙之處！

法院實際案例分享
案例一

建國買了社區內有附停車位的房屋，因為考慮自己並沒有開車，就把車位賣給社區外的人，要辦理過戶時，地政事務所卻不讓建國辦理過戶。

法院判決結果

最高法院100年台上字第2244號民事判決

區分所有建築物之法定防空避難設備或法定停車空間，為區分所有建築物法定之公共設施，其使用上不具獨立性，屬於

共同使用部分，不得與主建物分離而單獨為所有權之客體，縱各區分建築物於辦理所有權第一次登記時，未為該共同使用部分之登記，其附屬於區分所有權建築物之性質亦不因而受影響。

最高法院93年台上字第228號民事判決

公寓大廈之地下層，依土地登記規則第76條規定，限於性質上非屬共同使用部分，且已由戶政機關編列門牌或核發其所在地址證明者，始能視同一般區分所有建物（即公寓大廈管理條例第3條第3款所稱之「專有部分」），而辦理建物所有權第一次登記。依此規定反面觀之，若性質上為共同使用部分（即公寓大廈管理條例第3條第4款所稱之「共用部分」）者，自不能單獨成為所有權之客體，而應依同規則第75條規定，另編建號，單獨登記為各區分所有權人共有，且於區分所有建物移轉時，隨同移轉於同一人，不得單獨移轉於非區分所有人。

法條停看聽

最高法院這兩則案例所指的都是法定停車位，法定停車位依法只能轉給同社區之住戶，不能轉給其他人，讀者在買賣車位的時候，一定要格外注意。

法院實際案例分享
案例二

　　雅芬買到一個沒有獨立權狀，只有使用權證的車位，因為雅芬覺得那個車位位置不佳，便要求管委會應該要把她的車位變更到比較好的位置。

法院判決結果

臺灣高雄地方法院101年簡上字第129號民事判決

舊法時代在公共設施與停車位均編列在同一建號之登記狀態下，各區分所有權人間合意就地下室停車位成立分管契約，並經同一大廈受讓車位之區分所有權人持表彰停車位使用權之證明書向管理委員會為登記，又基於管理委員會為依法執行區分所有權人會議決議事項及管理維護工作所設立之組織，而為眾所周知可向其查詢該公寓大廈之相關事項，其所為登記情形，自具有

法條停看聽

由於法定停車位是有停車位的住戶共有同一建號，再以分管的方式分配車位，有的大樓會定期抽籤，有的大樓則是固定的位置，但不論哪種情形，只要規約有約定，就屬於分管契約的一種，因此停車位所有權人非經過全體同意，不能擅自變更。

相當之公信力及公示性，並得據以拘束嗣後受讓取得之區分所有權人，是若區分所有權人以上開方式受讓停車位，在法所允許之情形下，應受推認得依分管約定而享有停車位專用權。

別讓你的權利睡著了！

車位的種類有很多，有的人車位有權狀，有的人車位沒權狀，有的人車位可以轉讓，有的人車位不能轉讓，到底原因為何？其實這都涉及建管法令的變更及適用，以下就將車位分類，讀者在買車位或已持有車位時，也可以比對一下，看看自己到底是不是真的擁有完整的產權。

一、法定停車位：這是公寓大廈依法強制必須設置的停車位，這法定停車位的情形很複雜，依序說明如下：

（一）建築完成日期在民國80年9月18日之前，這樣的車位有可能直接將停車場視為一個建物，有停車位的人就共有這個建物，因此有獨立的權狀，在這種情形下，這個車位就可獨立買賣。

（二）建築完成日期在民國80年9月18日之前，法定停車位也有可能是附屬於整棟大樓的共用部分，這樣有車位的人，他共用部分的持分就會比別人多一些，就不會再發給獨立權狀，因為

沒有獨立權狀，所以只能賣給同社區的住戶。

（三）建築完成日期在民國80年9月18日之後，依據內政部民國80年9月18日台內營字第8071337號函釋，認為「法定停車位應該為該區分所有建築物全體所有權人所共有或合意由部分該區分所有建築物區分所有權人所共有」，亦即不得約定由區分所有建築物內某一區分所有權人單獨所有，所以法定停車位只會在主建物權狀上記載共用部分。因此，如果法定停車位要轉讓，只能賣給同社區的住戶，而不能賣給其他人。

二、增設停車位或獎勵停車位：這是建商自行興建的停車位，並不是依法強制設置，但在使用上，也會因為有無權狀而有差別：

（一）若與法定停車位在構造上及使用上各具獨立性，並取得「防空避難室所在地址」證明，便可以登記為主建物，有獨立權狀，可單獨移轉。

（二）若與法定停車空間在同一層樓，構造上及使用上無法區隔，因法定停車空間須以「共用部分」方式辦理登記，故此種自行增設停車位或獎勵增設停車位亦必須以「共用部分」方式辦理登記，雖取得所有權，因屬於「共用部分」，故無獨立權狀只能賣給同社區的住戶。

但事實上，即使讀者的車位有權狀，有時也會因為建商在取得執照後，二次施工或多劃停車格以增加停車位，若是機械停車

設備被舉報為違建而拆除，或增設的平面車位因住戶間無法協商而訴訟，往往就會造成整個停車場無法使用。

　　為了避免這種情形，在購買停車位時，讀者可要求提供停車場的使用執照及平面圖，看看現場狀況是否與圖說相符。若是相符，應該就沒有爭議，若圖說上的停車位數量與實際不符，這樣的停車位就要小心，千萬不要買到只有權狀而不能停車的停車位。

律師小學堂

停車位的問題不單單是權狀，讀者在購買停車位時，一定要從權狀、謄本、使用執照及平面圖等文件深度瞭解，以免付了錢卻無法停車。

坪數短少誰吃虧？

現在臺北市房屋每坪均價40多萬，坪數少了1坪，都是一般人好幾個月的薪水，但臺灣由於地質地震影響，常常會有地籍圖根點變動的情形，有時測量結果，房屋會有一部分偏離原有土地，而以前測量技術較不精準，現在由於儀器精進，也會發生測量後坪數變動的結果，若是坪數增加，那是好事一樁，若是坪數短少，還因地籍變動占用鄰地被告拆屋還地，那可真是欲哭無淚。

法院實際案例分享
案例一

子鈞將土地賣出後，買方進行重測，才發現面積不足，便向子鈞求償，子鈞賠償給買方後，能否向地政事務所請求賠償？

法院判決結果

臺灣苗栗地方法院96年國字第4號民事判決

地政事務所既為執行及掌理土地測量、複丈與登記等職務之機關，自應本其測量及複丈權責，就測量局之測量結果為翔

實審查後，再為登記。況為貫徹土地登記之公示性及公信力，兼顧交易安全及權利人之權利保障，被告雖依測量局測繪結果辦理土地登記，仍應盡相當之審查及注意義務。以上，系爭土地面積登記錯誤，仍屬土地法第68條第1項之登記錯誤，且地政事務所應為賠償義務機關。

最高法院85年台上字第670號民事判決

按地政機關辦理登記錯誤，係行政行為之失當，土地法第68條所定賠償責任，亦以行為失當為其要件，與民法上不法侵害他人權利之行為有間，土地法既未特別規定其時效，自應適用一般規定之15年時效，而無民法第197條之適用。

法條停看聽

土地面積短少雖然可以向地政事務所請求賠償，但由於一般人都是長期持有土地，所以不會發現土地面積短少，等到發現的時候，權利的時效都已經屆滿，就不能請求賠償了。在這裡筆者檢附最高法院認為面積短少的賠償請求權時效是15年，但在法院判決實務中，也有認為是5年或10年，所以讀者一定要特別謹慎，一旦發現面積短少，要趕快採取法律措施，以免權利喪失。

法院實際案例分享
案例二

　　范曉潭原訂買一間店面經營攤販，但買入後測量，才發現面積嚴重不足，便要求解除契約。

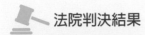

法院判決結果

最高法院98年台上字第628號民事判決

本件房屋買賣合約書約定被上訴人購買之房屋面積含約定專用面積18.51坪，嗣兩造於94年9月19日另簽訂系爭協議書，約定將原約定專用面積18.51坪計入主建物面積計算，故連同房屋買賣合約書原約定之主建物面積18.3坪，上訴人應交付被上訴人之房屋主建物面積須達36.81坪。此關於主建物坪數之特別合意，已成為系爭房屋品質之約定，嗣上訴人交付之房屋，登記之主建物面積僅為34.47坪，短少2.34坪，不符合兩造契約約定專用部分計入主建物面積之經濟目的，亦不符契約約定之品質，被上訴人辯稱上訴人應依前開規定負瑕疵擔保責任，即屬有據。

臺灣高等法院86年上字第583號民事判決

是若房屋面積減少,則買賣標的物之價值亦必然減少,故被上訴人不論主張本件係購屋置產或出租或自用經營美容工作室,被上訴人於訂約之初即選定本件私有面積約2.94坪之商場不動產,而非於訂約當時選定同一地下室商場其他私有面積坪數較少,是被上訴人主張其購買本件房地私有面積坪數嚴重不足較契約減少達31%以上,顯不能達契約預定效用,且價值亦有減低等情,亦堪信為真實,從而被上訴人依瑕疵擔保之規定主張解除契約,應為法之所許。

法條停看聽

房屋的坪數短少,除了可以要求減少買賣價金外,在臺灣高等法院86年上字第583號案件中,法院甚至認為減損的面積達31%,已經無法達成預定效用了,所以買方可以要求解除契約請求返還價金。

法院實際案例分享
案例三

　　阿土伯買了一塊土地後進行重測,地政事務所的人員卻告訴他因為地震的關係,導致面積減少,阿土伯便要求賣方退還減損面積的差額。

法院判決結果

最高法院86年台上字第1208號民事判決

系爭土地重測後面積減少，惟查系爭土地與同段相鄰土地經重測後面積均比重測前減少，而關於地籍圖重測後土地面積發生增減或為不可避免之事實，蓋因土地重測前後界址或有變更、地籍圖年久破損，或由於天然地形改變、人為界址移動，或由於測量儀器精度之提高等原因，均為不可避免之技術或自然因素，非政府或測量人員所能克服等情，有屏東縣枋寮地政事務所85年7月17日85屏枋地二字第3266號函附卷可稽，足見系爭土地重測後面積減少，係非可歸責於被上訴人之事由被上訴人依兩造約定，將系爭土地登記簿所登記之面積全部移轉登記予上訴人指定之人，應已依約履行完畢，上訴人主張被上訴人未依約履行，溢收價金，為不完全給付云云，應不足採。從而上訴人請求被上訴人返還面積不足之價金及利息，不應准許。

法條停看聽

最高法院這則案例跟前兩則案例的判決結果完全不同，讀者若是賣方，可以援用這則判決的意旨，主張大家左右鄰居的面積都減少，且當時約定就是把登記簿上的面積都移轉給買方，所以不構成違約。

別讓你的權利睡著了！

面積短少在地震頻繁的臺灣是很常發生的爭議，而且發現面積短少的時候，常常都是賠償請求權的時效屆滿之後。建議讀者若是購買大筆的土地或高價的房屋，都可以請民間的測量公司重新測量一次，以避免面積短少，造成自身權益受損。

若讀者是賣方屋主，那就可以在特約條款中加註「本件房屋或土地面積誤差在1.5％（可自行磋商）時，不另找補差額」，斷絕日後紛爭。

律師小學堂

面積短少是每個人買房時很擔心的一點，因為面積短少，馬上就會顯現在謄本中，不用鑑定就可以知道房價必然下跌，而且面積短少的問題，往往都是行政機關測量失當或地形變更所致，這實在是誰都不願意發生的事。

讀者在買賣屋時，一定要特別注意，看看是否有必要自費測量或者在特約條款中註記，以免十幾、二十年後產生爭議，恐怕連人都找不到了。

一分錢一分貨的「黃標屋」

　　臺灣先前由於幾個大地震，把很多房屋的結構震出了問題，政府機關爲了列管這些房屋，就會要求拆除或補強，也就是俗稱的紅標屋及黃標屋。市場上應該很少見到買賣紅標屋，但黃標屋就很有可能在修補後賣到成屋交易市場，買了這樣的房屋，到底會有什麼權利被影響呢？

法院實際案例分享
案例一

　　文杰貪圖便宜，買了一間黃標屋，沒想到銀行不願意核貸，文杰便以黃標屋有結構缺損爲由，希望能夠解除契約。

法院判決結果

福建金門地方法院98年訴字第13號民事判決

一般中古房屋之買賣，因其缺損或老化程度多已形諸於外或可由其屋齡直接估算；除非保證品質或特別約定其效用，否則應認當事人已默示合意按訂約時房屋之現狀交易，則出賣

人交付之房屋縱有於訂約時即已存在之問題，仍應認係按債之本旨為履行，而不應認係給付不完全。

法條停看聽

賣方屋主既然已經告知是黃標屋，且黃標屋已經修補結構完成，理論上不會再有結構問題，文杰已被告知，自然無法主張瑕疵擔保請求權。

 法院實際案例分享
案例二

　　阿寬買了一間中古屋後，發現有結構強度不足的情形，便委託結構技師前來瞭解，發現前手屋主居然大幅變更設計，致使房屋承重能力不足，導致結構變形。

 法院判決結果

臺灣臺北地方法院98年度簡上字第171號民事判決

系爭建物專用機房隔間牆遭拆除，使系爭建物結構體之耐震強度產生減損而不具應有耐震強度之瑕疵，且原專用機房上被加蓋夾層，亦使系爭建物具有妨礙結構體測移變形行為之

瑕疵，而於買賣契約訂立時，系爭瑕疵即已存在。雖系爭建物現況說明書業已註明有夾層，惟出賣人並未告知買受人系爭建物之隔間牆曾大幅變更導致沒有原來之耐震強度，而物之瑕疵擔保責任，只要瑕疵係於契約成立後發生，且因可歸責於出賣人之事由所致者，則出賣人應負物之瑕疵擔保責任，不因出賣人是否知悉此瑕疵而有不同，是系爭建物之出賣人，依上開規定及說明，自應負擔物之瑕疵擔保責任。

法條停看聽

結構安全問題往往是情況變得非常嚴重後才會發現，若是因前手屋主濫行裝潢，導致結構受損，讀者都可以要求前手屋主負瑕疵擔保責任，只是這個瑕疵擔保一樣會受到先前告知讀者的5年時效的限制，讀者發現結構有問題時，一定要盡速調查反映。

別讓你的權利睡著了！

在地震過後，會有一些房屋出現結構的損害，若是結構已到達無法繼續居住的程度，稱之為紅標屋；若可藉由補強而修補結構上的瑕疵，則稱之為黃標屋。

若是列為黃標屋，會在建管單位造冊列管，但若結構修補完成，就可以撤銷列管，但有部分銀行仍然不承作此類撤銷列管的

房屋貸款，讀者在買屋前務必特別注意。

　　先前有說過房屋的現況必須在現況說明書中記載，但政府單位公告的現況說明書中，並未要求屋主說明是否曾被列為黃標屋，建議讀者在簽立買賣契約書時，請賣方屋主聲明非黃標屋或者如為黃標屋可解除契約，若讀者已知道這是黃標屋卻仍然要買，為了避免因為無法貸款而導致違約，可以在特約條款中記載，以免自身權益受損。

律師小學堂

其實涉及房屋結構的問題還非常多，黃標屋、變更結構、房屋傾斜等等，都是屬於結構上的問題，黃標屋的問題主要是因為難以辦理貸款，否則既然撤銷列管，就不應該被認為有瑕疵，但為求謹慎起見，讀者買屋時，可以請屋主聲明非黃標屋，並在特約條款中註記銀行核貸未達買賣價金7成，雙方同意解除契約，如此一來，就不用擔心買到黃標屋了。

仲介業者的連帶賠償責任

現在大多數的不動產交易，都是透過仲介業者經紀成交的買賣，在遇到這些房屋瑕疵的時候，讀者除了可以跟賣方屋主求償外，不妨也可以試試對仲介業者求償。

法院實際案例分享
案例一

小明透過仲介公司買了一間房屋，賣方屋主在現況說明書上說明房屋後方空地是約定由小明要買的房屋專用，但小明過戶入住要進行裝潢時，管理委員會卻說這空地是共用，而非約定專用，經過確認後，發現賣方屋主的確有現況說明書填載不實的情形，但賣方屋主已經將賣屋的價金花用一空，小明該如何是好？

法院判決結果

最高法院102年台上字第481號民事判決

按房地買賣仲介人係受有仲介報酬之仲介專業人員，應盡善良管理人注意義務，而約定專用權取得，依公寓大廈管理條例第23條規定須由住戶規約約定或經區分所有權人會議同

意,當為不動產仲介人所應知悉。空地為房地買賣之重要標的物,有無約定專用權,當然影響系爭房地價值。出賣人既於現況說明書第29欄勾選有約定專用權,則房地買賣仲介人本於善良管理人之注意義務,就該10坪空地有無合於約定專用權之條件存在,告知給付仲介報酬費用之買受人,且於出賣人填載有無規約時,於該欄內任令其空白時,是否已盡善良管理人注意義務,告知給付仲介報酬費用之買受人注意約定專用權之合法性,如原審就此部分,並未說明仲介人之應盡注意義務為何,以及仲介人已否善盡善良管理人注意義務,有判決不備理由之失。

法條停看聽

依據最高法院的判斷原則,認為仲介業務人員除了就其所知有據實報告之義務之外,對於房屋狀況還有調查之義務,既然有調查義務,在有調查可能的情況,例如:規約有無記載、氯離子含量、顯見的漏水……等,仲介業務人員疏忽未調查時,消費者就可以要求仲介業務人員賠償損害。

法院實際案例分享
案例二

　　國華透過大品牌房屋仲介業者的加盟店仲介而購買房屋，入住後，才發現該屋是海砂屋，要求大品牌仲介公司負責時，該公司卻說這是加盟店的行為，與總公司無關。

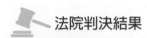

法院判決結果

最高法院101年台上字第966號民事判決

不動產經紀條例第4條第8款規定，加盟業主對加盟經營者有規範或監督之權利義務，且加盟經營者對外表明其為加盟業主之加盟店，並使用加盟業主之商標、服務標章，客觀上亦足使一般消費者認為至加盟店營業場所為交易，係由加盟業主及加盟經營者共同提供不動產仲介服務。是以，加盟經營者既為加盟業主之加盟店，既難認經紀業僅限於加盟經營者，而未包括加盟業主在內。

法條停看聽

在這則案例中，最高法院揭示了幾個判斷的要件：1. 加盟店是否獲得大品牌同意使用其服務標章、商標及名稱。2. 加盟店是否有使用大品牌之名稱作為招牌。3. 加盟店的契約書等文件上是否記載大品牌的名稱。在符合這些前提之下，最高法院認為總公司應該對加盟店的行為負責，所以讀者在與加盟店簽約時，也要特別注意是否符合上述三個要件，才能獲得更完整的保障。

別讓你的權利睡著了！

很多人買屋之後，發現有瑕疵，對賣方屋主提告後獲得勝訴判決，才知道賣方屋主已經身無分文，但其實讀者可以援用不動產仲介經紀條例第26條第2項的規定「經紀業因經紀人員執行仲介或代銷業務之故意或過失致交易當事人受損害者，該經紀業應與經紀人員負連帶賠償責任」及民法第567條第2項「以居間為營業者，關於訂約事項及當事人履行能力或訂立該約之能力，有調

查義務」等規定，在一開始起訴時，便要求仲介業者負責。

因此，筆者建議讀者，若發現買到的房屋有瑕疵，在一開始提告的時候，便要將房屋仲介業者列為被告，請求房仲業者賠償買賣價金，以免屆時求償無門。若讀者因為仲介業務員的故意或過失行為導致損害，就可以要求仲介業者要連帶負責，而且，依據不動產仲介經紀條例第7條第3項的規定，仲介業者必須繳納保證金，如果仲介業者的營業處所越多，那仲介業者就會繳納更多的保證金，最高可以到1,000萬元，對於買方而言，也是一筆可觀的保障呢！

📌 律師小學堂

買賣屋的過程，仲介業者依法有調查義務，若是仲介業者違反義務導致契約當事人損失，讀者便可依關於債務不履行的規定求償。在起訴時，讀者可以把前手屋主及仲介業者同列為被告，要求他們負「不真正連帶」的賠償責任，也就是說，讀者若獲得勝訴判決，便可向前手屋主或仲介業者中任何一人求償，而不用排列求償的先後順序，這樣在求償的途徑與程序上，將更快獲得滿足。

第二部

住屋環境不可忽視的
法律權利

買房前，張大眼睛看「規約」

　　臺灣地狹人稠，大部分的建物房屋都是集合式公寓住宅型態，因爲住戶間彼此共同住居在同一棟建築物內，在現今生活型態多元的狀態下，各個住戶間日常生活必然會互相有所影響，因此就需要「規約」來調和各住戶間的權利義務，舉凡公共區域的劃設、管理費的繳納，到一些生活規約的約束都是可能涵括的範圍。

　　公寓大廈管理條例第23條明文規定，「有關公寓大廈、基地或附屬設施之管理使用及其他住戶間相互關係，除法令另有規定外，得以規約定之。」可見得「規約」內容與住戶權益息息相關，所以在購屋前，讀者應該事先詳閱瞭解社區公寓大廈規約的內容，以免日後住居與其他住戶滋生爭議。

法院實際案例分享

　　竹君買了社區大樓的3樓房子，打算開設工作室，裝潢完工後也正式營業了，但是管委會卻向竹君表示，因爲她開設工作室從事的是商業行爲，以至於有其他住戶反映，竹君的客戶很多，經常使用到大樓的電梯等公設，所以請管委員開會討論調整對於

「營業用」的住戶，應調高每坪管理費的金額。但是當初竹君買屋時，前手屋主告知他們大樓的管理費是依坪數收費，沒有區分自用或營業用。究竟管委會有無權限調高竹君的管理費並要求竹君繳納呢？

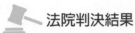 **法院判決結果**

一、最高法院90年度台上字第607號判決

前開住戶公約第17條規定，管理費用應由全體住戶按其受益程度分攤，各住戶應依章繳納，其辦法由管理委員會定之。依上開規定意旨，管理委員會自應按各住戶不同受益程度制定繳交管理費用之辦法，再按該辦法要求各住戶繳納應繳之管理費用。故管委會是否已依該規約制定辦法，與其得否片面調整住戶應繳納之管理費用有關聯。

二、新北地方法院87年訴字第1612號民事判決

按公寓大廈管理條例所稱規約，依該條例第3條第12款規定，係指公寓大廈區分所有權人為增進公共利益，確保良好生活環境，經區分所有權人會議決議之共同遵守事項，又管理委員會之職務，包括規約所定事項，該條例第34條第11款定有明文，故公寓大廈管理維護費用，苟經區分所有權人會議依決議或規約授權管理委員會決定，則管理委員會在授權範圍

內，自得訂立相關辦法拘束區分所有權人，惟逾越授權範圍，縱有管理委員會決議，亦不得拘束區分所有權人。

別讓你的權利睡著了！

有關管理費的收取標準，因涉及各區分所有權人權益，依法為區分所有權人會議決定事項，除非區分所有權人會議決議，或以合法修改規約方式，另行授權管理委員會得在授權範圍內議決調整管理費的收取標準外。

原則上，管理委員會並無議決調整管理費收取標準的權利，否則，一旦被有心人士操控的管理委員會於會議中自行表決調整管理費，該議決事項對區分所有權人將產生極大影響。因此，住戶是可以拒絕管理委員會自行調整管理費的要求。

此外，若是經過區分所有權人會議決議區分住宅自用及營業用的管理費訂立收取不同收費標準，那麼，竹君身為區分所有權

人之一，亦需受區分所有權人會議決議拘束，不能拒絕繳納。

在筆者實際處理的案件中，也曾有住戶主張管理委員會並沒有妥善維護大樓的整潔，甚至有管理維護的疏失，因此拒絕繳納管理費用，這雖然是住戶的氣話，但住戶最多只能夠先行墊付款項維修，再向管理委員會請求，不能以此為由拒絕給付管理費，一旦拖欠管理費，很有可能會收到來自管理委員會的支付命令。

律師小學堂

涉及規約的爭議往往很多，讀者在買屋前，最好詳讀規約，規約除了本文之外，為了說明有哪些區域之共用或約定共用，都會有附圖，讀者也要記得跟管理委員會要求影印附圖，才能瞭解您的權利有多少！

誰來制定「社區規約」？

前面提到了規約是住戶很重要的權利義務依據，通常每個大樓都會有規約，但你知道規約是如何形成的嗎？讀者一定要知道規約的形成方法，當面對不合理的規約時，才有辦法向管理委員會爭取權益！

法院實際案例分享

明泰在民國100年購買中古屋，該棟公寓大廈是在民國80年興建完成，且該大廈在民國90年才成立管理委員會，當時並沒有制定書面規約。

管理委員會向他表示，該大廈自建商興建出售以來，建商與購屋者的買賣契約書上即載明「區分所有權人應依每坪50元之標準按月繳納管理費」，包括明泰的前屋主以及大廈內的各區分所有權人，均無意見繳納管理費多年，那麼明泰是否可以該大廈欠缺書面規約，而拒絕繳納管理費？

法院判決結果

臺北地方法院101年北小字第2270號判決

公寓大廈之區分所有權人或社區建物所有人,為公寓大廈或社區全體住戶團體之成員,管理、使用共有設施,應尊重全體住戶之共同意見,則公寓大廈區分所有權人就共用部分管理費用之負擔,依私法自治原則,原則上係經由區分所有權人會議決議應繳納之管理費,作為公共基金,符合現代群居生活之要求。鑑於現代社會中,群居生活全體住戶間之權利義務關係有現實規範之必要,以達增進大眾福祉、促進團結及一致管理之目的,若准許個別區分所有權人擅以個別原因否決規約之效力,會使公寓大廈之公共事務無從進行,將有害其他大多數區分所有權人之公共利益,不符現代群居生活之需要及公平正義,是區分所有權人或住戶間權義關係之規約,實際上經大多數區分所有權人遵循多年,則依當地之習慣,應認為該規約有事實上拘束全體區分所有權人之效力,以達管理便捷之目的。

查系爭公寓大廈之住戶每月均繳納停車管理費800元,且事實上為大多數區分所有權人所同意,據以遵循並繳納管理費多年,可見,系爭公寓大廈住戶規約於101年區分所有權人會

議決議前雖未明定每月應納管理費金額，惟事實上依系爭公寓大廈之區分所有權人之習慣，已足認定：區分所有權人同意每月應納管理費800元，應有拘束全體區分所有權人之效力，以符社區群居生活之要求，否則對之前已繳納管理費之其餘區分所有權人而言，顯非公平合理。

法條停看聽

在這個案例中，法院承認住戶多年來約定俗成的管理費數額，也是規約的一種，有拘束全體區分所有權人的效力，所以規約不一定是訴諸文字，也有可能是習慣。

別讓你的權利睡著了！

讀者大多時候都是買中古屋，因此社區已經有遵循許久的規約，不過讀者如果買的是預售屋，就可以看看在買賣契約後面的規約草約。依據公寓大廈管理條例第56條的規定，規約的草約在第一次區分所有權人會議決議前，視為規約。

若讀者買的是在民國84年6月22日前取得建照的公寓大廈，因為當時還沒有公寓大廈管理條例，所以在第一次區分所有權人大會決議之前，就會以內政部的規約範本為規約。某些公寓可能永遠都不會召集區分所有權人大會，若想要瞭解自己的權益，不

妨到內政部下載公寓大廈規約範本。

 律師小學堂

規約原則上是由區分所有權人會議決議而成，但若未召開區分所有權人會議，為解決爭議，就會以建商的規約草約或內政部的規約範本作為規約。讀者買預售屋或中古屋時，都要記得向賣方詢問。此外，不論規約的形成或變更，都要經過區分所有權人會議決議通過，由於區分所有權人會議是社區的最高決策機關，所以召集與決議都有必須遵循的法律程序，否則就有可能被認定為無效！

 ## 法院實際案例分享

　　許雲是管理委員會的主任委員，在100年3月底出售房屋且辦理過戶完畢，已非區分所有權人，因其社區每年都訂在5月份召開區分所有權人會議，並在會議中重新選舉下一任管理委員會委員，所以許雲就以主任委員名義召開100年5月的區分所有權人會議。該次區分所有權人會議決議是否有效？

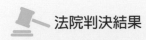

法院判決結果

最高法院92年度台上字第2517號判決

公寓大廈管理委員會為人的組織體，區分所有權人會議為其最高意思機關。其區分所有權人會議之召集程序或決議方法，違反法令或章程時，依公寓大廈管理條例第1條第2項規定，固應適用民法第56條第1項撤銷總會決議之規定，由區分所有權人請求法院撤銷區分所有權人會議之決議。惟區分所有權人會議如係由無召集權人所召集而召開，既非公寓大廈管理委員會合法成立之意思機關，自不能為有效之決議，且在形式上亦屬不備成立要件之會議，其所為之決議當然自始完全無決議之效力。於此情形，即屬依法提起確認該會議決議不存在之訴以資救濟之範疇，而非在上述撤銷會議決議之列。

最高法院101年台上字第2117號民事判決

次按區分所有權人會議除第28條規定外，由具區分所有權人身分之管理負責人、管理委員會主任委員或管理委員為召集人；管理負責人、管理委員會主任委員或管理委員喪失區分所有權人資格日起，視同解任。無管理負責人或管理委員會，或無區分所有權人擔任管理負責人、主任委員或管理委

員時，由區分所有權
人互推一人為召集
人，公寓大廈管理
條例第25條第3項
前段規定甚明。

法條停看聽

在這兩則案例中，最高法院都認為
召集區分所有權人會議的人，必須具有
區分所有權人身分，如果管理委員喪失區
分所有權人身分，就等同喪失管理委員資
格，也就無權召集區分所有權人會議。
因此，所召集的區分所有權人會
議便會被認為無效。

別讓你的權利睡著了！

　　區分所有權人會議並不是任何人都可以召集，依據公寓大廈
管理條例的規定，有權召集的人可以區分為下列幾種：

　　一、新建公寓大廈，尚未成立管理委員會前，應由起造人擔
任召集人，召開區分所有權人會議。

　　公寓大廈管理條例第28條第1項定「公寓大廈建築物所有權
登記之區分所有權人達半數以上及其區分所有權比例合計半數
以上時，起造人應於3個月內召集區分所有權人召開區分所有權
人會議，成立管理委員會或推選管理負責人，並向直轄市、縣
（市）主管機關報備。」所以，區分所有權人購買新建公寓大

廈，如果這棟公寓大廈已符合本條文規定人數及比例時，起造人即負有義務召集區分所有權人會議。如果起造人有數人時，應互推一人為之。

二、除公寓大廈管理條例第28條規定外，區分所有權會議之召集權人限於具有區分所有權人身分之管理負責人、管理委員會主任委員或管理委員為召集人。

如果區分所有權人會議是由無召集權人所召開，其決議依法院相關判決見解為無效，讀者便可以應提出確認區分所有權人會議決議不存在之訴，排除對自己不利的規約。

瞭解哪些人有資格召集區分所有權人會議後，接下來我們看看有哪些人有資格參加區分所有權人會議：

一、區分所有權人會議由全體區分所有權人組成，故出席區分所有權人會議者，當然應該具有區分所有權人身分。且依公寓大廈管理條例第27條第1項規定「各專有部分之區分所有權人有一表決權。數人共有一專有部分者，該表決權應推由一人行使。」也就是說，如果社區內的房屋是好幾個人共有，那就只能推派一名代表行使表決權，只能享有一個投票權，並不是數人頭來算投票權的喔。

二、若區分所有權人本人無法如期出席區分所有權人會議，依據公寓大廈管理條例第27條第3項規定「區分所有權人因故無法出席區分所有權人會議時，得以書面委託配偶、有行為能力之

直系血親、其他區分所有權人或承租人代理出席。」也就是說，如果區分所有權人本人無法親自出席區分所有權人會議，想要委託他人出席，必須有下列限制：

（一）區分所有權人本人應出具書面委託書。

（二）限於委託區分所有權人之「配偶、有行為能力之直系血親（如父母或子女）」，或是委託同一公寓大廈之其他區分所有權人或該區分所有權建物的承租人。

此外，受託出席之人也要注意受託之區分所有權不得占全部區分所有權五分之一以上，或以單一區分所有權計算之人數超過區分所有權人數五分之一，否則超過的部分不列入計算，形同無法行使該超過部分的表決權。

瞭解誰有權召集，誰有權出席後，我們再來看看區分所有權人會議如何形成決議？

一、依據公寓大廈管理條例第31條規定「區分所有權人會議之決議，除規約另有規定外，應有區分所有權人三分之二以上及其區分所有權比例合計三分之二以上出席，以出席人數四分之三以上及其區分所有權比例占出席人數區分所有權四分之三以上之同意行之。」所以並不是只要人數過關就可以，還得應有部分達一定標準才能做成決議。

二、要特別注意，在區分所有權人會議中，涉及討論「1.專用部分約定為共用部分。2.公寓大廈外牆面、樓頂平台，設置廣

告物、無線電基地台等等。3. 就已約定專用部分變更。」因涉及原本專用部分區分所有權人等人之權益，所以應依公寓大廈管理條例第33條規定，取得相關人員之同意方得為之，否則該區分所有人會議之決議，依法不生效力。

　　三、此外，公寓大廈管理條例第30條第2項規定「管理委員之選任事項，應在前項開會通知中載明並公告之，不得以臨時動議提出。」如果區分所有權人會議係以臨時動議提出選任管理委員之議案並決議通過者，參考高等法院高雄分院92年度上更（一）字第4號判決見解，此等「不應以臨動議提出之事項，而以臨時動議提出者，其召集程序即屬違法，就該臨時動議所為之決議，自得訴請法院撤銷之。」

> **🖈 律師小學堂**
>
> 簡單的說，一個合法的區分所有權人會議必須具備：1. 合法的召集權人 2. 合法的出席住戶比例 3. 合法的議案等三項，若有一項不合法，住戶便可以向法院訴請確認規約無效或撤銷區分所有權人會議決議，以保障自身權益。

「社區規約」的權利無限？

　　規約相當於社區的憲法，所有社區內的規章制度都不能牴觸規約，且要受到我國法律的限制，但常見某些規約會有不太適當的地方，因而產生住戶間的爭執。我們可以看看到底規約要如何制定，才不會違法。

 法院實際案例分享

　　吳明珠透過法拍程序買下了房屋後入住，管委會告知明珠，因為她的前屋主積欠了一年期的管理費未繳納，區分所有權人會議後來通過決議修改規約，要求明珠必須代為清償完畢前屋主所積欠的全部管理費，但是明珠在購買房屋時，該大廈的規約並沒有規定後手需代為清償前手積欠的管理費或其他必要費用，該次區分所有權人會議決議修改規約是否有效？

 法院判決結果

基隆地方法院99年度訴字第474號判決

管理委員會對區分所有權人之管理費請求權，為債權關係，僅於當事人間發生效力，非屬物上負擔，不因區分所有權之

移轉而當然移轉於受讓人，其債務之移轉，原則上應以當事人之意思合致為前提，倘若為法定債之移轉，則須法有明定，始得課以區分所有權之受讓人承擔原區分所有權人管理費債務之義務。查本件被告並未舉證證明原告與系爭建物之前區分所有權人羅智雄間有何債務承擔之合意，且徵諸卷附之本院99年司執字1816號拍賣公告影本，亦無「拍定人應繼受執行債務人所積欠之管理費債務」或其他同義條款之記載，作為明示之拍賣條件；至於公寓大廈管理條例第24條雖規定區分所有權之繼受人應於繼受後遵守原區分所有權人依公寓大廈管理條例所定之一切權利義務事項，然繼受人依此規定所繼受者，係原區分所有權人受公寓大廈管理條例及規約拘束之義務，而非原區分所有權人依法律或規約已生之債權債務關係，亦即區分所有權之繼受人所繼受者係作為公寓大廈管理條例及規約規定之「區分所有人」及「住戶」之法律上地位，而非受讓或承擔區分所有權人個人之債權債務關係，是原區分所有權人之管理費債務，亦無法定移轉之情形，則原告自非該等債務之債務人甚明。因此附表所示95年7月23日決議內容，竟以表決方式決議經由法院拍賣取得所有權之住戶依法概括承受前手區分所權人之管理費債務，顯屬權利濫用，應為無效。

再按區分所有權人會議經由多數決做成之決議，與少數區分所有權人之權益發生衝突時，其是否係藉由多數決方式，形成對少數區分所有權人不利之分擔決議或約定，應有充分理由，始不背離「按應有部分比例分擔」之原則。且是否係以損害該少數區分所有權人為主要目的，基於公平法理，法院固得加以審查，惟應從大廈全體住戶因該決議之權利行使所能取得之利益，與該少數區分所有權人及國家社會因其權利行使所受之損失，比較衡量以定之。倘該決議之權利行使，大廈住戶全體所得利益極少，而該少數區分所有權人及國家社會所受之損失甚大者，非不得視為以損害他人為主要目的，不能單憑該決議對少數區分所有權人現擁有之權益有所減損，即認其係藉由多數決方式，形成對少數區分所有權人不利之分擔決議或約定，認以損害他人為主要目的，而屬權利濫用，或違反公序良俗。

法條停看聽

在這則法院案例裡，法院闡釋了一個很重要的權利濫用禁止原則，法院認為若全體住戶所得利益甚少，而單一住戶所受損害甚大，就會被視為這樣的規約是以損害他人為主要目的。因此，若規約要求後手住戶一定要承擔前手住戶的管理費舊欠，將被視為權利濫用，這樣的規約法院認為無效。

別讓你的權利睡著了！

內政部86年2月26日（86）台內營字第8672309號函、內政部93年10月12日（93）營署建管字第932916431號函謂：「有關公寓大廈區分所有權人之繼受人應否繼受並繳交原區分所有權人積欠管理費疑義乙節，按公寓大廈管理條例（以下簡稱條例）第24條第1項規定，『區分所有權之繼受人……應於繼受後遵守原區分所有權人依本條例或規約所定之一切權利義務事項。』有關欠繳公共基金之原區分所有權人，如已將其專有部分之區分所有權過戶他人，除過戶後之新區分所有權人代為清償所欠之公共基金外，應依公寓大廈管理條例第21條規定辦理，不得逕向新區分所有權人請求繳納之。」

因此，若讀者遇到管理委員會要求清償前手屋主的舊欠管理費時，可以拿出前面的內政部函釋和法院判決拒絕清償前手屋主的管理費舊欠，千萬別聽信管理委員會及規約的約定，就貿然的付清囉。

律師小學堂

在規約與法律之間難免會有些灰色地帶，並不是每一個規約的約定都合法，讀者在面對不合理的規約時，可以多加請教律師，才能保障自己的權益。

拜託，請管好你的寵物！

法院實際案例分享
案例一

　　廷寬最近買了一間50坪的公寓，想說家中空間很大，打算買一隻貴賓犬，但是管理委員告知他，該棟公寓大廈的規約明文禁止養狗，因為怕狗會吠叫影響其他住戶居住安寧。廷寬是否真的不能養狗？

法院判決結果

臺灣臺北地方法院102年度北簡字第10821號民事判決

按住戶飼養動物，不得妨礙公共衛生、公共安寧及公共安全，但法令或規約另有禁止飼養之規定時，從其規定；住戶違反前開規定時，管理委員會應予制止或按規約處理，公寓大廈管理條例第16條第5項、第6項規定甚明。本件兩造社區住戶大會於101年6月12日區分所有權會議通過之規約第10條第1款、第3款規約明定嚴禁未來新搬入住戶飼養寵物，違規者將罰款並要求搬離該社區。已飼養寵物之住戶進出該社區

公共區域一律採不落地方式,自行採用帆布袋或以籠子攜帶,自101年4月1日起實施,凡未按規定者,第1次罰款2,000元,存入公共基金內,第2次直接向法院提起民事訴訟,並依規定求償或是要求該住戶立即搬遷該社區,前揭規約在卷可稽。原告並提出被告於102年1月26日14時34分、102年3月13日17時46分、102年6月10日17時54分及102年6月19日20時14分牽其寵物狗進出該公寓大廈大廳櫃檯前之相片,被告縱於該規約修定前已搬入該公寓大廈,惟依上開規約規定,其帶寵物進出公共區域,應採不落地之方式為之,其顯然違反上開該規約之規定,自應依上開規約約定處罰,從而原告請求被告給付罰款2,000元及自起訴狀繕本送達翌日起至清償日止之法定遲延利息,自屬有據,應予准許。至被告辯稱原告係針對其個人處罰、不公平等語,縱令屬實,亦無解於其違反規約之本件事實。

法條停看聽

依據公寓大廈管理條例第16條的規定,規約可以禁止住戶飼養寵物,法院的判決也大多承認這樣的規約有效。因此,讀者若有飼養寵物,在購買房屋的時候,一定要看清楚規約的約定。

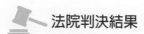

法院實際案例分享
案例二

　　小明社區剛搬進來的新鄰居，養了一條狗，經常在半夜吠叫，搞得小明全家都睡不著覺，但規約又沒說住戶不能養狗，小明該如何是好？

🔨 法院判決結果

臺灣新竹地方法院100年度訴字第210號民事判決

經查被告不否認於其住處飼養狗，且自承公寓隔音不好（見被告於99年12月31日所提民事答辯狀），則其對寵物即應為適當之管束，而非任令寵物，尤其在深夜為奔跑或發出噪音之舉動，且其本人亦應同為避免製造聲響之行為，致影響同棟住戶之安寧。而被告此等長時間且於深夜所產生的聲音，足以影響睡眠，而致精神不濟。睡眠不足，身心健康自會受損，此觀之與原告同住之配偶有失眠焦慮情緒及原告之女亦至精神科看診（有診斷證明書及醫療費用收據）即可推知。是以，原告主張被告侵害其身體健康，自屬有據。次按負損害賠償責任者，除法律另有規定或契約另有訂定外，應回復他方損害發生前之原狀，民法第213條第1項定有明文。原告另請求禁止被告飼養狗及停止為損害原告環境安寧之行為乙

節，查被告侵害原告居住
環境之安寧，已如上所
述，從而，原告請求被
告不得為損害原告環
境安寧之行為，洵屬有
據，應予准許。

法條停看聽

在這則案例中，法院認為被吵到的住
戶不但能夠要求精神賠償，甚至可以要
求鄰居不能再有損害環境安寧的行為。
如果各位讀者真的不幸遇到這樣的鄰
居，可以拿這則判決制止鄰居飼
養會半夜吠叫的寵物。

別讓你的權利睡著了！

依公寓大廈管理條例第23條第2項第3款規定，「禁止住戶飼養動物之特別約定，非經載明於規約者，不生效力。」所以如果該公寓大廈合法通過規約條款中載明「禁止住戶飼養犬隻」，則各區分所有權人均應受規約拘束，不得飼養。

如果住戶規約並未明文規定禁止飼養貓狗等寵物，則各區分所有權人當然有權飼養寵物，但尚應注意公寓大廈管理條第16條第4項規定「住戶飼養動物，不得妨礙公共衛生、公共安寧及公共安全。但法令或規約另有禁止飼養之規定時，從其規定。」所謂「不得妨礙公共衛生、公共安寧及公共安全」，建議可以參考農委會90年9月25日公告（90）農牧字第900040362號函「23公斤以上之犬隻，出入公共場所或公眾得出入之場所，應由成年人伴

同,及以長度不超過一‧五公尺之鍊繩牽引作為防護措施。具攻擊性品種或有攻擊紀錄之犬隻,出入公共場所或公眾得出入之場所,除應由成年人伴同,及以長度不超過一‧五公尺之鍊繩牽引外,應戴口罩作為防護措施。」飼養者應妥善做好防護措施。

最後,因為飼養犬隻難免遇到犬隻吠叫的問題,如果犬隻吠叫導致妨礙住家安寧時,公寓大廈管理條例第47條第2款規定「管理委員會應予制止或按規約處理,經制止而不遵從者,必要時得報請直轄市、縣(市)主管機關處理。直轄市、縣(市)主管機關可對違反規約之住戶處新臺幣3,000元以上1萬5,000元以下罰鍰,並得令其限期改善或履行義務、職務;屆期不改善或不履行者,得連續處罰。」此外,住戶也可查詢各地縣市政府是否有制定相關犬隻自治條例或管理辦法,或是依動物保護法、社會秩序維護法等相關規定,請求相關單位協助。

律師小學堂

飼養寵物的爭議在公寓大廈管理條例中並非罕見,法院也大多承認這樣的規約有效,讀者除了在買屋時要特別注意規約的約定,也要自我約束,因為不論規約是否有約定,飼養寵物都不能騷擾到鄰居,否則鄰居可能會一狀告上法院,屆時恐怕得要負擔額外的賠償責任。

汽車停車位不能停重機？

最近臺灣吹起一股重機風，很多讀者可能也買了一部重機在家中，但社區裡小小的機車停車格恐怕無法停下重機，而心愛的重機怎麼可能隨意停在路邊吹風淋雨，若是失竊，損失就更加慘重了，有些大樓的管理委員會同意住戶可以把機車停在汽車停車位中，但有些管理委員會就會搬出規約說不能停放重機，面對這樣的紛爭，到底法院是怎麼判決的呢？

 法院實際案例分享

俊豪買了大樓地下室的汽車停車位，但因為自己的重型機車無處可停，便將重型機車停放於地下室汽車停車位中，管委會認為依據規約汽車停車位就只能停汽車，便要求俊豪不得停放機車。

 法院判決結果

臺中高等行政法院96年簡字第401號判決

惟查本件如前所述，系爭停車位既係原告向建商買受之停車位，即屬原告之專有部分，原告就其買受之停車位停放機

車，並非存放其他物品，亦未占用公共設施部分，即未違反停車空間與起造人或建築業者之買賣契約書或分管契約書使用其約定專用部分。管理委員會不得訂定規約限制所有權人對專有部分之正常使用。從而，管理委員會訂定之社區規約第2條第6款規定：「共用部分及約定共用部分劃設機車停車位，供住戶之機車停放，其相關管理規範依區分所有權人會為之。供作汽車停放之汽車停車位，不得放置機車或汽機車互為交互使用停放，必須為使用目的專位專用，如有違反規定授權管理委員會將違規之車輛拍照存證累計3次後函送相關單位處理。」於法不合。

法條停看聽

在這則案例中，法院認為地下室車位是屬於專有部分，管委會不可以規約限制住戶對專有部分的正常使用，因此認為俊豪可以繼續把重型機車停在汽車停車格當中。讀者如果家中有重型機車，可以用這則案例跟管委會爭取自己的權益！

別讓你的權利睡著了！

依據公寓大廈管理條例第15條第1項的規定「住戶應依使用執照所載用途及規約使用專有部分、約定專用部分，不得擅自變

更。」很多讀者可能就是因為這一條的規定，而不能從事很多事情（例如上述的不能飼養寵物等等），大多數的時候，規約的約定都是對全體住戶有益，因此必須犧牲部分住戶的權益，例如裝潢要申請並繳納保證金等等，但有時候規約的約定卻是食古不化，反而淪為壓榨少數住戶的工具。

　　法院在面對具體案件的時候，並不會一味依據規約做判決，而會衡量規約規範的目的及全體住戶的利益做適當的判斷，若是規約的約定已與公益無涉，法院甚至會直接認為規約的約定違法，而不予採用。

律師小學堂

讀者住在社區當中，難免得為了大眾的利益而犧牲自己的權益，但若讀者認為規約已經無端損害到自身的權益，除了透過區分所有權會議進行修正之外，也可以試試看以訴訟途徑維護自己的權益，這則案例就是一個很好的參考！

被偷走的那5坪？

　　讀者買屋時一定希望公設比越低越好，專有部分越大越好，但讀者買屋時是否有注意到約定共用部分呢？如果買的房子有一部分被劃設為約定共用，這可是公設比中看不出來的地方，那讀者非但得為這些約定共用部分繳納地價稅、房屋稅，有的社區甚至還會要求繳納管理費，這可是非常不公平的事！

　　相反的，如果讀者買到的房屋有約定專用，那就是全體住戶幫你繳地價稅、房屋稅，這又是件天大的美事！

　　所以約定共用、約定專用這兩件事，在寸土寸金的臺灣，可是不得不去注意的環節！

 法院實際案例分享

　　美鳳房屋的一角，被管委會劃設用來放置全體住戶的管路、管線、分電盤、開關、電表箱等供電設施，美鳳要求管委會應拆除這些設施，把房屋還給她，管委會卻說這些設施是建商蓋好房屋時就已經劃設的，是法定的共用部分，拒絕拆除。

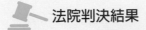

法院判決結果

臺灣士林地方法院99年簡上字第125號民事判決

所謂法定共用部分者,係指區分所有標的專有部分以外,而供共同使用者,始足當之。系爭房屋具有使用上之獨立性,並編為淡水區鄧公段3805建號,登記為上訴人所有,主要用途為「住商用」,依前揭法條規定,核屬專有部分,其非「專有部分以外之其他部分」,自非前揭法條所謂法定共用部分。至供電設施部分,性質上固為全體區分所有權人所共有,惟該等管線及電表箱、分電盤等物,並非系爭房屋之重要成分,乃係獨立於系爭房屋外之「動產」,全體區分所有權人共有之動產放置於專有部分之系爭房屋,並不使專有部分之空間因而成為法定共用部分。

法條停看聽

在這則案例中,法院不論管委會自行劃設或者是建商起造時的規劃,只要那個地方是產權獨立的專有部分,除非經過該住戶同意,否則就不能變成共用部分。

別讓你的權利睡著了!

區分所有權人會議,也就是住戶大會,是公寓大廈的最高

決策機關，相當於公司的股東會，但是區分所有權人會議也不是可以為所欲為的，依據公寓大廈管理條例第33條的規定，下列三個事項，就不是區分所有權人會議說的算：「（一）專有部分經依區分所有權人會議約定為約定共用部分者，應經該專有部分區分所有權人同意。（二）公寓大廈外牆面、樓頂平臺，設置廣告物、無線電台基地台等類似強波發射設備或其他類似之行為，設置於屋頂者，應經頂層區分所有權人同意；設置其他樓層者，應經該樓層區分所有權人同意。該層住戶，並得參加區分所有權人會議陳述意見。（三）依第56條第1項規定成立之約定專用部分變更時，應經使用該約定專用部分之區分所有權人同意。但該約定專用顯已違反公共利益，經管理委員會或管理負責人訴請法院判決確定者，不在此限。」

也就是說，如果區分所有權人會議要把讀者的專有部分變成約定共用，就算其他住戶100％贊成，只要讀者反對，就不能任由區分所有權人會議為所欲為。

讀者若是買1樓的房屋，就可能擁有庭院的約定專用權，若是頂樓的房屋，則有可能有頂樓平台的約定專用權，買在2樓或3樓的房屋，則可能有露台，若是建商在申請建照時，就已經規劃了上述約定專用部分，由於一般有約定專用的房屋，在賣價上通常會比較高，為了保障買到約定專用住戶的權益，公寓大廈管理條例第33條也規定必須經過該住戶的同意，才能變更或取消。

不過這條有一個但書的情形，就是當這個約定專用有違反公共利益，例如影響逃生或救災，經過法院判決確定後，也可以由區分所有權人會議決議取消。

律師小學堂

由於約定共用及約定專用的部分影響非常大，讀者在參加區分所有權人會議的時候，一定要仔細看好每個議案，千萬不要隨意就投下贊成或反對票，以免自己的房屋變成約定共用。

我家頂樓竟然有基地台！

在上一個主題中，提到有三個事項不是區分所有權人會議說的就算，其中一個就是「廣告物與基地台的設置」。我們會在下一個主題中說明廣告物的設置，這裡要先講一下基地台的設置。大家都不希望自己的大樓有基地台，但若管委會真的跟電信公司簽約設置基地台時，又該如何處理呢？

 法院實際案例分享

大益是頂層住戶，某日上去頂樓平台一看，才發現上面居然有基地台，詢問管委會卻說日前區分所有權人會議已經決議出租設置，大益應如何處理？

 法院判決結果

臺灣嘉義地方法院97年嘉簡字第1015號民事判決

公寓大廈外牆面、樓頂平臺，設置廣告物、無線電台基地台等類似強波發射設備或其他類似之行為，設置於屋頂者，應經頂層區分所有權人同意；設置其他樓層者，應經該樓層區分所有權人同意。該層住戶並得參加區分所有權人會議陳述

意見，管理條例第33條第2款定有明文。經查，本件租賃契約，雖有區分所有權人於86年6月20日做成決議將頂層出租與被告等情，為兩造所不爭執，堪信為真實。本件租賃契約，縱有區分所有權人會議同意出租頂層一事，然該區分所有權人會議未經頂樓區分所有權人同意，出租頂層供他人設置無線電台基地台，揆諸上開規定，被告並未主張、證明大廈區分所有權人會議，曾經頂層區分所有權人同意得於系爭建物頂樓平台設置無線電台基地台，是大廈區分所有權人會議同意，就出租頂層平台供他人設置無線電台基地台乙節，不生效力，則大廈管理委員會與被告所定行動電話業務基地台用地租賃合約，即不得執以對抗原告，原告為頂層平台共有人之一，自得本於民法第767條中段妨害排除之規定，請求被告拆除如附圖所示A、B部分，及依民法第821條

法條停看聽

在這則案例中，法院認為區分所有權人會議並未經頂層住戶大益的同意，就將頂樓平台出租，此舉不生效力，因此大益可以要求拆除。不過這裡有一個小小的法律關鍵要特別注意，因為頂樓平台是屬於共用部分，每個住戶都是頂樓平台的所有權人，因此大益要求拆除基地台時，應該要求管委會及電信業者將頂樓平台返還給全體住戶，而非大益個人。

之規定，為全體共有人之利益，請求回復共有物。

別讓你的權利睡著了！

公寓大廈管理條例第33條規定「區分所有權人會議之決議，未經依下列各款事項辦理者，不生效力：一、專有部分依區分所有權人會議約定為約定共有部分者，應經該專有部分區分所有權人同意。二、公寓大廈外牆面、樓頂平臺，設置廣告物、無線電台基地台等類似強波發射設備或其他類似之行為，設置於屋頂者，應經頂層區分所有權人同意；設置其他樓層者，應經該樓層區分所有權人同意。該層住戶，並得參加區分所有權人會議陳述意見。」

除了公寓大廈管理條例第33條第2款的規定外，電信法第32條第6項也規定「第1項使用之私有建築物如為公寓大廈，應取得公寓大廈管理委員會之同意。其未設管理委員會者，應經區分所有權人會議之同意，不適用公寓大廈管理條例第八條第1項之規定。」

讀者千萬不要被電信法的規定給嚇到了，認為只要有管理委員會或區分所有權人會議的同意，就可以排除公寓大廈管理條例第33條的適用，依據內政部營建署營署建管字第0950066160號函釋的解釋「依電信法規定，第一類電信事業經公寓大廈管理委

員會或區分所有權人會議同意後,得在公寓大廈設置管線基礎設施、終端設備及無線電台,有關區分所有權人會議之決議,應受公寓大廈管理條例第33條限制。」

所以讀者仍然可以依據公寓大廈管理條例第33條要求,未經同意不得裝設基地台。

律師小學堂

由於電信法與公寓大廈管理條例在同一個基地台的紛爭上做出不同的規定,導致很多管委會打算直接依照電信法的規定設置基地台,讀者在處理這樣的爭議時,一定得拿出上面提到的內政部營建署營署建管字第0950066160號函釋向管委會爭取權益!

公寓外牆穿了廣告花衣裳

在討論公寓大廈外牆是否可以裝設招牌的時候，我們得從兩方的角度出發，若是管委會在外牆裝設招牌，必須依照公寓大廈管理條例第33條的規定，取得該層住戶的同意；如果是該層住戶自己想在外牆裝設招牌，則必須依照公寓大廈管理條例第8條的規定；綜合以上，也就是說在外牆裝設招牌這件事，住戶跟區分所有權人會議是完全可以互相節制的。

 法院實際案例分享

郭啟文在社區1樓開設水電行，打算在1樓外牆上設置招牌，讓自己業務增加，卻遭管委會拒絕。

 法院判決結果

臺灣臺北地方法院86年訴字第2940號民事判決

按公寓大廈周圍上下、外牆面、樓頂平台及防空避難室，非依法令規定並經區分所有權人會議之決議，不得有變更構造、顏色、使用目的、設置廣告物或其他類似之行為，公寓

大廈管理條例第8條第1項定有明文。被告未經區分所有權人會議之決議，自不得擅設廣告招牌。

法條停看聽

在這個案例中，讀者除了熟知公寓大廈管理條例的規定外，也請注意內政部招牌廣告及樹立廣告管理辦法第11條規定「招牌廣告及樹立廣告未經直轄市、縣（市）主管建築機關許可，不得擅自變更；其有變更時，應重新申請審查許可。」若讀者有變更招牌需重新申請許可，否則即使區分所有權人會議同意設置，仍屬違法。

別讓你的權利睡著了！

公寓大廈管理條例第8條第1項規定「公寓大廈周圍上下、外牆面、樓頂平臺及不屬專有部分之防空避難設備，其變更構造、顏色、設置廣告物、鐵鋁窗或其他類似之行為，除應依法令規定辦理外，該公寓大廈規約另有規定或區分所有權人會議已有決議，經向直轄市、縣（市）主管機關完成報備有案者，應受該規約或區分所有權人會議決議之限制。」

讀者有可能是打算設置招牌的住戶，也有可能是因為被設置了招牌而影響採光、逃生的住戶，若是讀者打算設置招牌，一定

要取得設置招牌的同層全體住戶同意，才能依規約或區分所有權人會議決議辦理。

　　相反的，若讀者認為招牌的設置影響到自己，那就可以依據公寓大廈管理條例第33條的規定反對設置並出席區分所有權人會議表示意見，讀者在參加區分所有權人會議前，也請詳讀議案內容，看看是否有招牌設置案會影響到自己，千萬別貿然就贊成提案。

鐵窗裝不裝，如何規定？

　　讀者應該曾經從新聞中看到竊案及孩童墜樓的報導，但以往常常有一些管委會堅守立場不讓住戶裝設鐵窗，究竟鐵窗的裝設有何限制，我們來看看法院的判決及法律的規定吧。

 法院實際案例分享

　　小玲買了社區的房屋，因為擔心家中發生竊案，便裝設鐵窗，孰知，竟被管委會要求拆除。

 法院判決結果

臺灣新北地方法院88年訴字第267號民事判決

查本件規約第24條明定：「區分所有權人及住戶應遵守購屋時與建築業者簽署之管理公約之規定」，及管理公約特約第2、3、4條分別規定：「本社區各棟之正背面、左右側，不得裝設鐵窗、花架、遮雨篷等妨害觀瞻的添加物，以維繫本中心宏偉壯麗的外觀。」「本社區公共設施……不得搭建任何工作物或違建」、「如違反上述各項，立約人願以本房屋

之房地總價50%，作為住戶觀益損失賠償金，絕無異議」等情。查被告擅自在系爭房屋及樓梯間，加裝金屬門框、金屬窗、玻璃窗顯已違反上開條例、規約及管理公約，自應將加裝之前述物體予以拆除。次查被告購買系爭房地之總價為445萬元，故原告依前揭管理公約特約第4條規定，請求被告賠償50萬元，亦無不合。

法條停看聽

在這則案例中的小玲，不但要將鐵窗拆除，而且法院判決的結果，還命住戶應該要依規約的約定賠償50萬元，所以讀者在加裝鐵窗前，一定要依法辦理，免得賠了夫人又折兵。

別讓你的權利睡著了！

先前已經說過，依據公寓大廈管理條例第8條第1項規定「公寓大廈周圍上下、外牆面、樓頂平臺及不屬專有部分之防空避難設備，其變更構造、顏色、設置廣告物、鐵鋁窗或其他類似之行為，除應依法令規定辦理外，該公寓大廈規約另有規定或區分所有權人會議已有決議，經向直轄市、縣（市）主管機關完成報備有案者，應受該規約或區分所有權人會議決議之限制。」

所以讀者在加裝鐵窗之前，一定要按規約或區分所有權人會

議的決議辦理，否則就很容易發生上面案例所敘述的情形。

不可否認的，每當看到新聞報導孩童墜樓時，就會弄得每個家長提心吊膽，深恐一不注意，小孩翻越窗戶發生不幸，因此在民國102年5月8日公寓大廈管理條例第8條第2項修正「公寓大廈有十二歲以下兒童之住戶，外牆開口部或陽臺得設置不妨礙逃生且不突出外牆面之防墜設施。防墜設施設置後，設置理由消失且不符前項限制者，區分所有權人應予改善或回復原狀。」

因此，讀者家中若有小孩，就可以依據這項的規定裝設防墜設施，但切記不可以妨礙逃生也不能突出外牆，以免遭到拆除喔。

律師小學堂

讀者若打算加裝鐵窗，一定要按規約或區分所有權人會議決議辦理，但若讀者家中有12歲以下的小孩，卻遭規約或區分所有權人會議否決了裝設鐵窗的訴求，就可以依據公寓大廈管理條例第8條第2項的規定，裝設不妨害逃生、不突出外牆的防墜設施，讀者可以循此規定與管委會力爭權益。

頂樓漏水了，算頂層住戶倒楣？

臺灣地小人稠，在都市中大多數人的住家都是集合式住宅，即便是帝寶也不例外。只要是集合式住宅，就容易有公共區域修繕維護的紛爭，尤其牽涉到專用、約定專用、共用、約定共用部分的修繕。

住在集合式住宅的讀者們，萬一遇到漏水問題，一定非常擔心住戶及管理委員會間相互推卸責任，以下幾則法院的案例可供各位讀者作為參考！

法院實際案例分享
案例一

永興住家的樓上是大樓的公共花園，去年颱風過後，風雨吹壞了頂樓平台花園部分地面的磁磚、造成剝落。過了幾個月後，永興發現他家的客廳天花板有滲水狀況，經查是因為頂樓花園磁磚剝落的位置失去防水功能，以致樓頂遇下雨積水滲漏到永興的住家天花板。

 法院判決結果

高等法院100年度上易字第725號民事判決

系爭房屋所在之公寓大廈，頂樓屋頂曾為整修，因未依標準工法施工而整修失敗，致系爭房屋滲水乙情，業經臺灣省土木技師鑑定公會鑑定無訛，足見上訴人（管理委員會）對系爭房屋頂樓屋頂已失防水之保護功能乙節，知之甚詳。上訴人未依標準工法施工致系爭房屋滲水受損，其顯有過失甚明。且若依上訴人所述其係在被上訴人告知滲水情形後始被動負有修繕之責，實已將上訴人所負之注意義務轉嫁予社區住戶，此與公寓大廈管理條例之立法精神及委任契約之權利義務關係明顯相悖，上訴人抗辯其並無過失云云，自非可採。酌上各情，上訴人既違反其對系爭房屋大樓屋頂共有部分之修繕義務，致被上訴人所有系爭房屋發生漏水，就處理委任事務顯有過失，並已不法侵害被上訴人之權利。被上訴人依侵權行為及委任契約之法律關係，請求上訴人就其所受損害負賠償責任，自無不合。

新北地方法院101年度第112號民事判決

公寓大廈管理條例第10條第2項前段規定：「共用部分、約定共用部分之修繕、管理、維護，由管理負責人或管理委員會

為之。其費用由公共基金支付或由區分所有權人按其共有之應有部分比例分擔之。」同條例第36條第2款規定：「管理委員會之職務如下：共有及共用部分之清潔、維護、修繕及一般改良。」故依上開規定，堪認共有及共用部分之修繕乃屬公寓大廈管理委員會之職務無疑。又按，受任人因處理委任事務有過失，或因逾越權限之行為所生之損害，對於委任人應負賠償之責，民法第544條亦有明文可參。原告主張公寓大廈之住戶與管理委員會間，就共用部分之管理、維護及修繕應有委任關係存在，故依兩造間之委任關係，被告（管理委員會）就系爭建物頂樓平台之共用部分即負有修繕之責任等語，洵屬有據。

法條停看聽

管理委員會對於共用物的管理、維護及修繕與住戶間有委任關係，所謂的委任關係，就是指住戶將公寓大廈的管理、維護及修繕委由管理委員會辦理，管理委員會與住戶之間存在委任契約，若管理委員會拒絕修繕，住戶就可以違反委任契約為由，向法院起訴要求管理委員會進行修繕。

法院實際案例分享
案例二

董平買了大樓的最頂層，但因為並沒有住在裡面，所以不知道頂樓有漏水的情形。某日，董平進到屋內才發現因為頂樓漏水，導致家中產生壁癌，裝潢也開始腐爛了，向管理委員會求償。管委會卻說董平先前並沒有告訴他們頂樓漏水，所以只能負責修繕漏水，不願意賠償。

法院判決結果

高等法院100年度上易字第725號民事判決

系爭房屋所在之公寓大廈，頂樓屋頂曾為整修，因未依標準工法施工而整修失敗，致系爭房屋滲水乙情，業經臺灣省土木技師鑑定公會鑑定無訛，足見上訴人（管理委員會）對系爭房屋頂樓屋頂已失防水之保護功能乙節，知之甚詳。上訴人未依標準工法施工致系爭房屋滲水受損，其顯有過失甚明。且若依上訴人所述其係在被上訴人告知滲水情形後始被動負有修繕之責，實已將上訴人所負之注意義務轉嫁予社區住戶，此與公寓大廈管理條例之立法精神及委任契約之權利義務關係明顯相悖，上訴人抗辯其並無過失云云，自非可

採。酌上各情，上訴人既違反其對系爭房屋大樓屋頂共有部分之修繕義務，致被上訴人所有系爭房屋發生漏水，就處理委任事務顯有過失，並已不法侵害被上訴人之權利。被上訴人依侵權行為及委任契約之法律關係，請求上訴人就其所受損害負賠償責任，自無不合。

法條停看聽

在這則案件中，管理委員會主張必須先有住戶通知漏水才有修繕義務，但法院認為管理委員會不但有修復漏水的義務，而且不能把注意是否有漏水的責任轉嫁給住戶，因此管理委員會必須主動去瞭解公寓大廈內是否有漏水情形，否則不但要負責修補，還必須賠償住戶因漏水產生的損失。讀者若是公寓大廈的管理委員，一定要特別注意這則案例，千萬別以為住戶沒有通知，就沒有責任！

別讓你的權利睡著了！

公寓大廈管理條例第10條第2項前段規定：「共用部分、約定共用部分之修繕、管理、維護，由管理負責人或管理委員會為之。其費用由公共基金支付或由區分所有權人按其共有之應有部分比例分擔之。」依據這個規定，管理委員會非但有權對於共用部分及約定共用部分進行修繕，也有義務進行修繕，這個費用是

可以由公共基金中支付，若是一般的公寓沒有成立管理委員會，則是由每一個住戶的持分比來分擔修繕費用。

依據法院的判決見解，管理委員會與住戶之間存在委任契約，管理委員會既然有義務進行漏水修繕，若是沒有盡到職責，住戶不但可以要求管理委員會負責修繕，也可以要求管理委員會賠償因漏水而產生的損失。一般常見的損失包括裝潢的費用及房屋因漏水而產生的價值減損，若對損失的金額有爭議，前者可委託裝修公會進行鑑定，後者則能由不動產估價師進行鑑定。

此外，若是讀者的管理委員會怠惰履行義務，讀者也可以先自費進行修繕，並將單據留存，日後請求管理委員會賠償代墊的漏水修繕費用。

律師小學堂

每個大樓管理委員會對於修繕漏水的積極程度都不相同，筆者也見過不少管理委員會總是拖拖拉拉不願意進行維修，尤其有些大樓每棟有每棟的分區，有些管理委員會甚至會以該分區的頂樓平台僅供該分區住戶使用為由，拒絕由公共基金支付，面對這些情形，讀者都應該看清楚規約中關於修繕的約定，謹慎維護自己的權益。

房屋須修繕，惡鄰不借道，怎麼辦？

　　瞭解了共用部分的修繕，在集合式住宅中，「你的地板就是我的天花板」，左右兩戶共用牆壁的情形非常多，這些既然是屬於兩個住戶所共同的牆壁，進行修繕時，難免會牽扯到鄰居的權益，若是與鄰居處不好，常常會產生不同意借道進行維修的爭議，讀者若遇到這種情形，該如何是好？

 法院實際案例分享

　　新勇的臥室天花板最近發現漏水，他找了水電師傅來家裡查看，水電師傅說，是因為新勇樓上住戶的水管破掉導致漏水，如果要修理，必須進入他樓上鄰居家裡把地板敲開才能修，沒想到新勇樓上住戶以要維護自身的住居隱私為由，拒絕讓師傅進去他家修理漏水。

 法院判決結果

高等法院98年上字第32號判決

按住戶於他住戶因維護、修繕專有部分、約定專用部分或設置管線，必須進入其專有部分或約定專用部分時，不得拒

絕；住戶違反第1項規定，經協調仍不履行時，住戶得按其性質訴請法院為必要之處置，公寓大廈管理條例第6條第1項第2款、第3項分別定有明文。揆諸其立法理由在於明確規範區分所有權人間之相鄰關係，以杜紛爭，故倘非進入相鄰區分所有權人之專有部分、約定專用部分，即無以完成其維護、修繕專有部分、約定專用部分或設置管線，該相鄰區分所有權人自有容忍之義務。經查，被上訴人所有系爭7樓房屋面向昆明街角落臥室之天花板漏水原因，既係上訴人8樓房屋衛浴室熱水管接縫處腐蝕或接續不良所致，已如前述，則被上訴人欲修繕系爭7樓房屋之漏水情形，自須僱工進入上訴人所有8樓房屋至衛浴室更換水管，方可修復，此為上開鑑定報告所認定，上開臺北市建築師公會漏水建議修繕方式亦同此旨。又被上訴人前曾主動與上訴人聯絡修繕事宜，並透過系爭大樓管理委員會協調，復向臺北市萬華區調解委員會申請調解，惟上訴人仍拒絕被上訴人進入修繕，此有書函、申請書及調解通知書等件可憑，而證人即管理員廖芳雄亦於原審證稱上訴人並不同意被上訴人進入其屋內進行修繕，足見上訴人確有經協調仍不履行之情形。從而，被上訴人依公寓大廈管理條例第6條第1項第2款、第3項之規定，請求上訴人容忍被上訴人進入其所有之8樓房屋內，進行被上訴人所有系爭7

樓房屋面向昆明街角落臥室
天花板之漏水修繕工程，
為有理由，應予准許。

在這則案例中，法院很明確的說明
住戶有義務容忍他住戶進入屋內進
行必要的修繕及維護，若是讀者遇
到不願意借道的惡鄰，可以拿
這則判決請他參考！

別讓你的權利睡著了！

　　住家若與相鄰房屋的樓地板或共同壁發生漏水狀況時，感到最困擾的，就是如何查明漏水原因以及應由何人負擔修繕費用責任。漏水問題如果發生在共同壁或樓地板，為了查明漏水原因，難以避免要進入鄰房查看管線，但如果鄰居以隱私為由拒不同意讓水電人員入內檢查管線時，讀者可以先聲請調解，由資深專業的調解委員向鄰居解釋法律關係，並做成具有執行效力的調解書，若是鄰居不願意調解，那就只能走上法院一途了。

　　但法律程序曠日廢時，如果讀者將因為長期漏水而產生難以回復的損害，筆者建議讀者，除了走訴訟的程序之外，也可以向法院聲請假處分，一旦假處分獲准並開始強制執行，讀者就可以要求鄰居借道使用，才不會讓損害日益擴大。

　　當然，讀者也很有可能是那位需要被借道通過的鄰居，若是

遇到這種情形，讀者可以要求那位需要維修的住戶，必須採損害最小的處所及方法為之，若因此而造成讀者的損失時，就可以要求補償。

既然是修繕漏水，就一定得花錢，所以修繕費用應由何人負擔也是一個很值得深入討論的問題。依公寓大廈管理條例第12條規定，「專有部分之共同壁及樓地板或其內之管線，其維修費用由該共同壁雙方或樓地板上下方之區分所有權人共同負擔，但其修繕費用係因可歸責於區分所有權人之事由所致者，由該區分所有權人負擔。」我們可以把這個法條依漏水原因區分為以下情形協助大家瞭解：

一、若因年久失修或自然因素所致破損者，應由樓地板上下方或共同壁雙方之區分所有權人共同負擔修繕費用，亦即各負擔二分之一。

二、管線漏水係因住戶裝潢或變更屋內設計施工不良所致者，則此屬可歸責於該住戶之事由，應由該住戶負擔全部修繕費用。

三、如果漏水的水管是屬大樓公共水管，依據公寓大廈管理條例第10條第2項之規定，此部分的修繕費用原則上即應由公共基金或由區分所有權人按其共有的應有部分比例負擔。但例外的是，如果公共水管破損原因係出於可歸責於某住戶之事由者，則該住戶即應負擔相關修繕費用。

四、如果住戶依法應負擔漏水修繕費用但拒絕給付者，則受損害者得對該住戶訴請法院判決給付該費用與遲延利息，並可一併請求因房屋漏水所受到之損害賠償。

律師小學堂

集合式住宅中幾乎四面八方都是鄰居，與鄰居的相處非常重要，公寓大廈管理條例既然對於修繕的費用及方式都有明確的規定，若是讀者本身有借道修繕的需求或者將被借道進行修繕的情形，都可以循相關法律規定辦理。若讀者對於彼此間到底應如何借道修繕有疑慮，除了可以請教律師之外，筆者也建議讀者可以先到調解委員會進行調解，將兩方的立場跟意見統合起來做成一份具有強制執行效力的調解書，若日後產生紛爭，也才能有遵循的依據。

管委會未盡維護義務，有罪！

公寓大廈有很多公共設施及公共區域，這些地方一般都是由管理委員會進行維護，下面要分享的案例是一個很有名的刑事案件，由這個案件可以知道，若是管理不力，並非只是單純的由共同管理基金賠償，管理委員甚至要因此背上刑責！

 法院實際案例分享

高義的大樓有二部電梯，其中一部電梯嚴重故障，修繕費用頗高，所以社區住戶決定停用該電梯，但壞掉的電梯並未張貼警語禁止使用。某日有陌生訪客到大樓來，不小心走進那部故障的電梯，電梯因此墜落導致訪客受傷，訪客即對大樓全體住戶提告請求損害賠償。

 法院判決結果

桃園地方法院94年矚易字第1號刑事判決

依公寓大廈管理條例第10條第2項之規定，關於社區大樓共有部分之修繕、管理及維護，應由社區大樓管理委員會為之。

再公訴人雖援引建築法第77條第1項規定,建築物所有權人、使用人應維護建築物合法使用與其構造及設備安全,認為前開被告亦有作為義務,然依現今社會情況,多為集合多數區分所有權人之公寓大廈,該區分所有權人固可就渠等單獨所有之專有部分為維護、管理,然若涉及共有部分,自非個別單獨所有權人所得處分,投射於本案中,本案發生事故者為社區共有之電梯,顯非其中任一或少數之住戶所得決定其管理方式,而該社區既已成立管理委員會管理社區公共事務,社區住戶本即信賴管理委員會之管理,自難強要個別住戶單獨就共有之設施為任何作為。況依前開建築物升降機管理維護及安全檢查要點,建築物升降機應由建築物之所有人或法定代理人(管理委員會)為管理人負責管理,本案社區大樓既設有社區大樓管理委員會,則該升降機應由社區大樓管理委員會負責管理。

法條停看聽

這個案件一度非常有名,死者家屬本來是告全體住戶,但法院認為既然大樓有管理委員會,就應該要由管理委員會負責,而非全體住戶。

別讓你的權利睡著了！

公寓大廈管理條例第10條第2項規定「共用部分、約定共用部分之修繕、管理、維護，由管理負責人或管理委員會爲之。其費用由公共基金支付或由區分所有權人按其共有之應有部分比例分擔之。但修繕費係因可歸責於區分所有權人或住戶之事由所致者，由該區分所有權人或住戶負擔。其費用若區分所有權人會議或規約另有規定者，從其規定」。

因此，法院認定大樓管理委員會對於電梯有維護義務，但因疏於管理維護電梯，致有人因爲使用該電梯而摔落致死，便判決管理委員會之管理委員就此部分應負擔過失致死罪責。

在上一個主題提到管理委員會與住戶間存在委任契約，所以管理委員會必須善盡其受任人義務，如果怠於履行其職務致生損害，就有可能要負擔民、刑事責任。

除了電梯的事故外，大樓外牆磁磚掉落砸傷路人、排水管堵塞造成淹水等等，也是常見因維護不力而發生的爭執，讀者若有幸擔任管理委員請務必特別注意。

律師小學堂

雖然在這個案件裡，管理委員要負擔刑事責任，但民事訴訟中的賠償責任，卻要由全體住戶的管理基金中支付。因此，讀者若發現自己的大樓有地方需要修繕，務必盡快通知管理委員會，若管理委員仍然失職不進行修繕，在共同管理基金賠償受害人之後，便可由管理委員會向失職的管理委員提出違反委任義務的賠償。

天涯若比鄰，真的嗎？

在臺灣買房屋有把公設部分計入買賣價金中的慣例，因此，很多人便堂而皇之的使用公共區域放置鞋櫃、傘桶，某些住戶甚至會將這些東西擺到了逃生門那裡，住在這種房屋當中，有時還真的會讓人怕怕呢！若讀者遇到這樣的問題，該如何是好？

法院實際案例分享
案例一

錦華住在大廈的3樓，最近2樓搬來了新住戶，但2樓新住戶卻在樓梯間擺放鞋櫃，而且當鞋櫃空間不夠時，往往在樓梯間的地上還會散落好幾雙訪客的鞋子，造成樓梯間看來凌亂，而且影響錦華經過2樓樓梯間的行走動線不便，錦華很希望能夠回復以往樓梯間淨空的狀態。

法院判決結果

臺北高等行政法院102年度訴字第260號行政判決

關於公寓大廈管理條例第16條第2項前段住戶不得於樓梯間等處所堆置雜物、設置柵欄、門扇或營業使用，係以或違規設

置廣告物或私設路障及停車位侵占巷道妨礙出入部分分別規定，二者應屬不同之行為態樣與違規要件。是以，妨礙出入係屬私設路障及停車位侵占巷道之要件，若於樓梯間等處所堆置雜物，則並無此要件。惟該項立法目的係為達維護公共安全之目的，而明定樓梯間等處所不得擅自堆置雜物或設置柵欄、門扇等，以免妨礙逃生避難，若一經堆置物品，即違反該項規範目的及立法意旨，與堆置物品之屬性、大小及堆置之目的無關。

法條停看聽

在這個案例中，法院認為不論堆放的是什麼物品，只要一有堆置，就違反了公寓大廈管理條例。因此，不論鞋子或雨傘都不可以堆置在公共區域中，以免受罰。

法院實際案例分享
案例二

　　王喜住在公寓4樓，該公寓5樓住戶多年來占用頂樓作為私人花園使用，但因平常頂樓平台仍保持暢通，其他住戶偶爾也會上頂樓晾曬棉被，各住戶間彼此相安無事。但王喜最近要上去頂樓平台時突然發現，5樓住戶自行把通往頂樓平台的大門上鎖，以致其他人無法隨時上去頂樓平台，5樓住戶表示因為他怕頂樓花

圍被破壞，所以上鎖，以免其他人任意進入。王喜可否禁止5樓
住戶將頂樓平台大門上鎖？

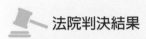

法院判決結果

臺北地方法院99年簡上字第234號民事判決

「對於妨害其所有權者，得請求除去之。有妨害其所有權之
虞者，得請求防止之。」按物之使用，乃指依物之用法，不
毀損其物體或變更其性質，以供吾人需要而言，而樓梯間
及屋頂平台之用途，一般作為火災之避難場、屋頂之出入
口、避雷針、共同天線、水塔、水錶暨水筏設置、地震、火
災時之通路，如住戶在通往屋頂平台之樓梯間設置鐵門及鐵
柵欄，共有人是否得為全體共有人之利益，本於所有權請求
除去之，端視該鐵門或鐵柵欄是否影響住戶之安全，已達變
更樓梯間及屋頂平台之用途或性質。系爭鐵門若為上鎖之狀
態，則屬就系爭鐵門以上之空間為排他性之專有使用，當然
會影響全棟建物住戶之安全，而超出通常樓梯間用途之程
度。98年8月底被上訴人將系爭鐵門鎖頭拆除之後，無從上
鎖，雖得認為被上訴人未就鐵門以上之空間為排他性之專有
使用，且於正常情形下，同棟各樓層住戶得使用系爭樓梯通
道、屋頂突出物及頂樓平台，然系爭鐵門及鐵柵欄將2樓通往

3樓之樓梯間自天花板、牆壁與樓梯之空間圈圍包覆，於地震、火災等緊急狀況時，系爭鐵門及鐵柵欄易因強震、火燒變形卡住，無法開啟致阻擋樓梯通道而妨礙逃生，有影響全棟建物住戶安全之虞，上訴人依民法第767條之規定請求被上訴人將系爭鐵門及鐵柵欄拆除，為有理由。

法條停看聽

現在還是有很多公寓的頂樓平台是交給頂層住戶使用，但頂樓平台既然有逃生的功能，頂層的住戶即便享有約定專用權，卻不能妨礙逃生。否則，住戶便可要求移除這些障礙物，以免發生危險。

別讓你的權利睡著了！

這個案例中的爭議，對於住公寓的讀者來說，一定不會太陌生。在定義上，大樓樓梯間是「連通數個專有部分之走廊或樓梯，及其通往室外之通路或門廳」，屬於法定共用部分，依公寓大廈管理條例第7條第2款規定，樓梯間不得為約定專用部分，也就是說住戶不可以據為私有占用。

再來，根據公寓大廈管理條例第16條第2項規定「住戶不得於私設通路、防火間隔、防火巷弄、開放空間、退縮空地、樓梯間、共同走廊、防空避難設備等處所堆置雜物、設置柵欄、門扇

或營業使用，或違規設置廣告物或私設路障及停車位侵占巷道妨礙出入。」這條立法的目的是為了維護建築物公共安全及避免妨礙逃生避難的考量，所以樓梯間這種共同走廊，確實應該要維持暢通，以保障逃生避難時可以通行無阻。所以，住戶若在樓梯間堆置鞋櫃、雜物等物品，即屬違反管理條例第16條第2項的規定。

並且，同法條第5項規定「住戶違反前項規定時，管理負責人或管理委員會應予制止或按規約處理，經制止而不遵從者，得報請直轄市、縣（市）主管機關處理。」同法第49條更規定「住戶違反第16條第2項規定者。由直轄市、縣（市）主管機關處新臺幣4萬元以上20萬元以下罰鍰，並得令其限期改善或履行義務；屆期不改善或不履行者，得連續處罰。」

綜合以上法條的說明，在類似案例中，對於住戶在樓梯間、走廊通道放置鞋櫃、傘桶等雜物之行為，大樓管理委員會應通知該住戶停止這樣的行為，或應依規約處理；如果住戶不予理會或拒絕改善，管理委員必要時得報請直轄市、縣（市）主管機關處理。直轄市、縣（市）主管機關對於違反規定的住戶得處新臺幣4萬元以上20萬元以下罰鍰，並得連續處罰。

如果該住戶受罰鍰處分後，仍不改善且持續在樓梯間放置雜物者，管理委員會得依公寓大廈管理條例第22條規定之程序，依區分所有權人會議之決議，訴請法院強制該違反之住戶遷離或強

制出讓其所有權，甚至拍賣其所有權。

如果讀者真的遇到了鄰居樓梯間、走廊通道放置鞋櫃、傘桶等雜物屢勸不聽者，除了上述的法條可以參考之外，也可以直接向法院起訴，要求依民法第767條的規定命該住戶移除堆放的雜物。

又若讀者的鄰居幾乎把整個走道，尤其是逃生空間都阻塞了，讀者還可以依刑法第189條之2第1項後段規定「阻塞集合住宅或共同使用之大廈之逃生通道，致生危險於他人生命、身體或健康者，處三年以下有期徒刑。」對該住戶提出刑事告發。筆者也要提醒讀者注意，千萬別為一己之便，占用樓梯間、走廊通道等逃生通道，否則輕是民事的移除堆放物品的責任或者20萬元的罰鍰，最重，將有可能面臨3年有期徒刑之刑罰。

律師小學堂

公寓大廈中，常見有住戶擴張自己的主權到公共區域外，大家都不想當壞人去檢舉鄰居違法，但若發生意外事故，吃虧的將是自己。對於這樣的鄰居，筆者建議讀者除向管理委員反映之外，也可向調解委員會聲請調解，讓專業、資深的調解委員與鄰居溝通，希望鄰居可以迷途知返，才不會打壞彼此間的感情喔。

鄰居夜夜笙歌擾人清夢，怎麼辦？

夜深人靜，正是大家收拾一天的疲累，好好休息的時刻，但偏偏有的鄰居喜歡夜半高歌，有的鄰居則是冷氣老舊的運轉聲擾人清夢……。前面已經提過寵物半夜吠叫的問題，我們接下來看看遇到其他擾鄰事件，應該如何處理呢？

 法院實際案例分享

娟娟的隔壁住戶最近剛裝潢好房屋，她發現隔壁住戶家的冷氣機運轉聲音很大聲，就算是白天，娟娟坐在家中也一直聽到冷氣機運作的隆隆聲；另外，娟娟樓上的住戶最近經常在三更半夜打麻將，吵得她難以入眠。

 法院判決結果

最高法院92年度台上字第164號判決

末查於他人居住區域發出超越一般人社會生活所能容忍之噪音，應屬不法侵害他人居住安寧之人格利益，如其情節重大，被害人非不得依民法第195條第1項規定請求賠償相當之金額。被害人請求賠償精神上之損害，係主張因加害人於增

建之機器房內置冷氣壓縮機，日夜運作，噪音不停，致伊受到侵害等語，原審就被害人之人格法益是否確受不法侵害而情節重大，未加審究，遽認其不得請求精神上之損害賠償，亦有疏略。上訴論旨，指摘原判決於其不利部分為不當，求予廢棄，為有理由。

臺灣高等法院臺南分院96年度上字第237號民事判決

按不法侵害他人之人格法益而情節重大者，被害人雖非財產上之損害，亦得請求賠償相當之金額；民法第195條第1項定有明文。又「於他人居住區域發出超越一般人社會生活所能容忍之噪音，應屬不法侵害他人居住安寧之人格利益，如其情節重大，被害人非不得依民法第195條第1項規定請求賠償相當之金額」。

被害人因長期睡眠障礙罹患憂鬱症，提出成大醫院診斷證明書、暨上開噪音檢測報告書等附卷可稽，據成大醫院亦函覆稱：「被害人於95年3月23日至該院精神科初診，主訴鄰居之噪音與爭議處理等問題，已有數個月感到焦慮、憂鬱及睡眠障礙，經藥物及會談治療，症狀有部分緩解，仍起伏，宜持續治療……」、「因噪音排解問題腦海裡盤旋此聲音，久久不能揮去，進而影響情緒焦慮，煩悶，甚者有時會想哭，情緒時好時壞最近一月頻率較高」……個案主訴焦慮、憂鬱

及睡眠障礙,依個案主觀感受乃是鄰居噪音所致。然醫學上
對焦慮憂鬱症之病因尚未瞭解清楚,不同案例病因也可能不
同。此有該院函附病歷及病患診療資料摘要表,及函附病患
診療資料摘要表附卷可憑。並參酌以上噪音與睡眠及生理之
影響分析,及加害人製造披薩產生噪音(含低頻音量),確
已侵入足以導致一般人暨聽覺較靈敏之人可受干擾之噪音,
使上訴人被害人無時無刻注意隔壁噪音致睡眠障礙,病情時
好時壞而產生焦慮、憂鬱(致使人體不能忍受)等情,堪認
加害人產生之噪音,為導致被害人罹患憂鬱症之重要因素之
一,情節並非輕微,而有相當之因果關係。其主張因被害人
侵入噪音致其健康受損,
依民法第195條第1
項規定,請求被
上訴人賠償非
財產上損害,
應屬有據。

法條停看聽

這個案例是比較嚴重的類型,被害人因為
鄰居製造的噪音而罹患憂鬱症,但憂鬱症並非
被害人自己說的算,要主張自己有憂鬱症,必須
長時間進行診斷,由精神科醫師開立證明書,法
院才有判斷的依據。如果法院認定被害人確實
因為噪音而罹患憂鬱症,那被害人除了可
以請求精神慰撫金外,也能夠要求
賠償就醫的支出。

別讓你的權利睡著了！

在集合式公寓住宅中，各住戶間彼此互有共有牆、共有壁部分，所以鄰居日常生活產生的各種聲音難免互相影響，例如，洗衣機、冷氣機運轉的聲音、小朋友練習小提琴、鋼琴等樂器的聲音、樓上住戶搬動家具的聲音，或者是鄰居約朋友在家打麻將、唱卡拉OK等等。如果日常活動產生的聲音的分貝數過高，恐影響其他住戶住居安寧，因此有賴各住戶間互相體諒尊重，以共同維持良好的居住品質。

但如果隔壁鄰居放置冷氣機、洗衣機等設備，在運轉時造成持續性的聲響，並且聲音已經大到嚴重影響其他住戶的住居安寧時，則依公寓大廈管理條例第16條第1項規定「住戶不得任意棄置垃圾、排放各種污染物、惡臭物質或發生喧囂、振動及其他與此相類之行為。」同法第47條規定「住戶違反第16條第1項規定者。由直轄市、縣（市）主管機關處新臺幣3,000元以上1萬5,000元以下罰鍰，並得令其限期改善或履行義務、職務；屆期不改善或不履行者，得連續處罰。」同法條第5項規定，住戶違反前項規定時，管理負責人或管理委員會應予制止或按規約處理，經制止而不遵從者，得報請直轄市、縣（市）主管機關處理。

另外，噪音管制法所定義之「噪音」乃「超過管制標準之聲

音。」

依噪音管制法第9條規定「噪音管制區內之下列場所、工程及設施，所發出之聲音不得超出噪音管制標準。」但因噪音管制標準所定義之噪音認定標準嚴謹，有時鄰居雖然製造音量過大，但因聲音斷斷續續難以認定達到「噪音」程度（如半夜唱卡拉OK、半夜打麻將的聲音），則依噪音管制法第6條有規定，「製造不具持續性或不易量測而足以妨害他人生活安寧之聲音者，由警察機關依有關法規處理之。」

一般而言，警察機關對此情形可依社會秩序維護法第72條第3款規定，對於製造噪音或深夜喧譁，妨害公眾安寧者，處新臺幣六千元以下罰鍰。

基本上，公寓大廈是許多住戶共同住居之地方，鄰居間宜相互尊重體諒，本於公德心及自律精神，平日生活時應降低噪音源，以維持全體住戶的安寧和諧。如果有住戶製造噪音影響其他鄰居住居安寧情事，建議讀者可先尋求管委會制止之，但如經制止無效，則管理委員會可報請直轄市、縣（市）主管機關處理，依法裁罰。但如住戶仍不肯改善噪音源，依法院相關判決，受噪音困擾者，得對製造噪音者提出損害賠償訴訟。

除了夜半高歌這種聽起來很刺耳的噪音之外，環保署也制定了「低頻噪音」的管制標準，針對營業、娛樂場所、營建工地、擴音器等地方，所若有低頻噪音（例如冷卻水塔、抽排風機、冷

氣機等設施所產生擾人的噪音），讀者若認為因此而產生困擾，
也可以向環保局提出檢舉。

律師小學堂

簡單的說，如果讀者的鄰居是營業場所，民眾可以針對鄰居
所產生的噪音及低頻噪音向環保局提出檢舉或申訴，但若讀
者的鄰居是一般民眾，那就只能依據社會秩序維護法向警察
局檢舉。

但要注意的是，由於社會秩序維護法是以妨害公眾安寧為前
提，若只有讀者一人去申訴，比較難被認為是妨害「公眾」
安寧，因此讀者最好多找幾個鄰居提出檢舉，警察機關比較
有可能開罰，否則警察機關可能只會勸導製造噪音的鄰居不
要在深夜喧譁而已。

鄰居拒付管理費，惡質！

　　每個住戶都有付管理費的義務，但偏偏就是會有人拒繳，管理委員會又不能針對他而把電梯停用，或把公共區域電燈關掉，但是遇到這種鄰居，到底該怎麼做呢？

 法院實際案例分享

　　張琪羚住的大樓管理委員會張貼出一張公告，因此得知她隔壁的鄰居積欠了半年的管理費未繳納，但該鄰居很不滿地向管理委員會抱怨，他因工作外派到大陸，大半年都不在臺灣，所以主張不應向他收取管理費，張琪羚認為管理費就是要依規約繳納，對於鄰居的主張不以為然。

 法院判決結果

臺北地方法院101年度北小字第2270號民事判決

按共有物，除契約另有訂定外，由共有人共同管理之；共有物之管理費，及其他擔負，除契約另有訂定外，應由各共有人，按其應有部分分擔之，民法第820條第1項、第822條第

1項分別定有明文，足見共有物之管理及其管理費或其他負擔，應視共有人間有無另以契約訂定，此為私法自治之基本原則。而公寓大廈之區分所有權人或社區建物所有人，為公寓大廈或社區全體住戶團體之成員，管理、使用共有設施，應尊重全體住戶之共同意見，則公寓大廈區分所有權人就共用部分管理費用之負擔，依私法自治原則，原則上係經由區分所有權人會議決議應繳納之管理費，作為公共基金，符合現代群居生活之要求。鑑於現代社會中，群居生活全體住戶間之權利義務關係有現實規範之必要，以達增進大眾福祉、促進團結及一致管理之目的，若准許個別區分所有權人擅以個別原因否決規約之效力，會使公寓大廈之公共事務無從進行，將有害其他大多數區分所有權人之公共利益，不符現代群居生活之需要及公平正義，是區分所有權人或住戶間權義關係之規約，實際上經大多數區分所有權人遵循多年，則依當地之習慣，應認為該規約有事實上拘束全體區分所有權人之效力，以達管理便捷之目的。

法條停看聽

公寓大廈管理條例第18條第1項規定，公寓大廈應

設置公共基金，其來源如下：一、起造人就公寓大廈領

得使用執照一年內之管理維護事項，應按工程造價一定比

例或金額提列。二、區分所有權人依區分所有權人會議決

議繳納。三、本基金之孳息。四、其他收入。

因為公寓大廈總有許多設備、設施，需要修繕、維護，故法

令規定，公寓大廈的共用部分、約定共用部分之修繕、管

理、維護費用由公共基金支付或由區分所有權人按其

共有之應有部分比例分擔之。所以管理委員會

必須切實管理公共基金收益，以維護

全體住戶之權利。

別讓你的權利睡著了！

公寓大廈管理條例10條第2項本文規定：「共用部分、約定共用部分之修繕、管理、維護，由管理負責人或管理委員會為之。其費用由公共基金支付或由區分所有權人按其共有之應有部分比例分擔之。」由此條文可知，住戶有繳納管理費的義務。公寓大廈的電梯、1樓大廳、樓梯間與走道都屬共用部分，此外，

還有消防、水電設施等等公用設施，此等設備、設施都是爲了維持全體住戶住居安全與便利之設置，自有賴住戶遵期繳納管理費，方有足夠資金以維護相關設備、設施。

因此，住戶如拒不繳納管理費，依公寓大廈管理條例第21條規定：「區分所有權人或住戶積欠應繳納之公共基金或應分擔或其他應負擔之費用已逾二期或達相當金額，經定相當期間催告仍不給付者，管理負責人或管理委員會得訴請法院命其給付應繳之金額及遲延利息。」管理委員會對於拒不繳納管理費的住戶，依法可以依照以下步驟處理：

一、住戶積欠費用逾二期或達相當於二期金額，應以書面（如存證信函或律師函等）催告該住戶於一定的期限內給付管理費。

二、住戶經催告仍不繳納者，管理委員會得訴請法院命該住戶給付應繳之管理費與遲延利息。但需注意，管理委員會如欲提起訴訟，需爲依公寓大廈管理條例所成立之管理委員會，或者爲民事訴訟法第40條第3項所認定之非法人團體，方能以「管理委員會」之名義進行訴訟。

三、法院確定判決認定該住戶有繳納管理費義務後，管理委員會聲請法院強制執行，對該住戶的財產進行查封、拍賣。

此外，公寓大廈管理條例第22條規定：「住戶有下列情形之一者，由管理負責人或管理委員會促請其改善，於3個月內仍

未改善者，管理負責人或管理委員會得依區分所有權人會議之決議，訴請法院強制其遷離：一、積欠依本條例規定應分擔之費用，經強制執行後再度積欠金額達其區分所有權總價1％者。」此條文規定係在防止住戶惡性的一再積欠管理費。

因為同法第21條雖規定管理委員會可以透過訴訟由法院判命欠繳管理費的住戶給付，但對管理委員會而言，提出訴訟需花費諸多成本（訴訟費用、處理開庭事宜等），如果勝訴後，住戶過一陣子又故態復萌，再度惡意欠繳管理費，對管理委員會而言，再次訴訟實在勞民傷財。

故而第22條規定，對於此種一再惡意積欠管理費、無法改善的住戶，如其積欠管理費達其區分所有權總價1％以上，則可由區分所有權人決議，訴請法院強制此等住戶出讓其區分所有權及基地所有權應有部分。

但有一點需要注意的，依內政部94年7月28日內授營建管字第0940084983號函謂：「另按『各區分所有權人按其共有之應有部分比例，對建築物之共用部分及其基地有使用收益之權。但另有約定者從其約定。』為條例第9條第1項所明定，如區分所有權人或住戶積欠應繳納之公共基金或應分擔或其他應負擔之費用時，應依條例第21條及第22條規定辦理，故不宜以住戶未繳交公共基金或管理費或其他負擔之費用為由，剝奪其一般升降機或緊急升降機等共用部分使用之權，影響其生活利用上不可或缺之權

利。」

　亦即，對於一再欠繳管理費的「惡鄰居」，管理委員會仍需依法請求其給付，但不能以該住戶未付管理費而禁止其使用電梯、走廊等共用部分，以免因而影響住戶生活上不可或缺的權利，反受該住戶提出刑事上妨害自由或強制罪之告訴。

律師小學堂

所以積欠管理費不是件小事喔！管理委員會最重甚至可以訴請那位住戶拍賣房屋，搬離社區，而且拍賣所得的錢，管理費還可以跟第一順位抵押一樣的順序優先受償。因此，讀者千萬別積欠管理費，以免壞了名聲又賠了錢財。

法定空地不用真可惜！

　　公寓大廈建築周圍的法定空地或者是1樓的騎樓，偶爾會有人在空地上停車或者堆放私人雜物，但法定空地屬於全體區分所有權人共有，如果有人獨占使用，對其他住戶的確是有失公平。

 法院實際案例分享

　　達仁大樓管委會將大廈的一樓法定空地隔成數個攤位出租給攤販營業，但是其中一個攤位在大廈的消防通道上，住戶擔心消防安全而向管委會反映希望撤掉該攤位。但管委會表示，這是經過區分所有權人會議同意通過要出租的法定空位，以便增加公共基金的收入，管委會的行為真的合法嗎？

 法院判決結果

臺灣高等法院100年度上字第1150號判決

前開溫州大餛飩店所占用之位置，雖屬於達仁大廈之法定空地，但位於達仁大廈公共逃生梯之出口太平門處，具有避難通路之功能，此有達仁大廈使用執照所附底層平面圖以及臺

北市建築管理處100年2月24日北市都建照字第10065576600號函可憑。又前開溫州大餛飩店，除設有棚架等固定地上物外，並設有經營小吃店所用之攤架、冷凍櫃及桌椅等，此有卷附照片及本院勘驗程序筆錄可憑，且為被上訴人所自承，亦堪以認定。

溫州大餛飩店向被上訴人達仁大廈管理委員會承租此避難通道，並經營小吃店，放置棚等固定地上物外，並設有經營小吃店所用之攤架、冷凍櫃及桌椅，而客戶進入用餐亦會阻塞通道，使得達仁大廈直通樓梯（安全梯）通往地面層之出口通道更形狹小擁擠，於火災或地震等災害發生時，將妨礙羅馬大廈住戶從直通樓梯（或安全梯）逃生，自屬有害於防災之公共秩序，故被上訴人達仁大廈管理委員會雖獲規約授權出租該大樓之公共空間，前開小吃店之租約既有害公共秩序，依民法第72條規定應屬無效，溫州大餛飩店占用如附圖所示黃色部分使用，不能認為有權占有。溫州大餛飩店占有如附圖所示黃色部分使用，足使達仁大廈區分所有權人即此法定空地之共有人喪失居住安全，自屬有礙於所有權之行使。上訴人為全體共有人之利益，請求溫州大餛飩店拆除地上物回復原狀，即屬有據。

法條停看聽

民法第72條規定，法律行為有背於公共秩序
或善良風俗者，無效。公寓大廈區分所有權人會
議固得就其共用部分討論如何使用、管理，但其使
用、管理仍不得違反法律強制規定，例如，消防通道
應維持暢通屬強制規定。如果規約同意或區分所有
權人會議決議將消防通道出租或提供攤販使用，
會被認為無效。因此，任何一個住戶都可以
要求使用者將占用部分返還給全體住
戶。

別讓你的權利睡著了！

公寓大廈管理條例第16條第2項規定「住戶不得於私設通
路、防火間隔、防火巷弄、開放空間、退縮空地、樓梯間、共同
走廊、防空避難設備等處所堆置雜物、設置柵欄、門扇或營業使
用，或違規設置廣告物或私設路障及停車位侵占巷道妨礙出入。
但開放空間及退縮空地，在直轄市、縣（市）政府核准範圍內，
得依規約或區分所有權人會議決議供營業使用；防空避難設備，
得為原核准範圍之使用；其兼作停車空間使用者，得依法供公共

收費停車使用。」

依法院見解，如果住戶私設路障及停車位侵占巷道，需達到「妨礙出入」方有本條之適用，但如住戶在樓梯間等處所堆置雜物，因為樓梯間有逃生避難之公共安全考量，一經堆放雜物，即屬違反本條情事，並無區分其堆置雜物是否達「妨礙出入」情事。

而且，依公寓大廈管理條第49條第1項第4款規定，住戶堆放雜物，若經管委會制止不改善，可以報請直轄市、縣（市）主管機關處理；主管機關得處該住戶處新臺幣4萬元以上20萬元以下罰鍰，並得令其限期改善或履行義務；屆期不改善或不履行者，得連續處罰。

此外，依據道路交通管理處罰條例的規定，騎樓也是道路的一種，所以雖然騎樓的所有權屬於社區住戶所有，但使用騎樓設攤，仍然屬於違反道路交通管理處罰條例的情形，可按次處1200元至2,400元之罰鍰，讀者若是在社區1樓開設店面，也應該盡量避免占用騎樓，以免受罰。

律師小學堂

公寓大廈的共用部分很多是為了逃生而存在，讀者若遇到鄰居占用共用部分，可以循調解或民事訴訟程序處理，若該住戶仍然不改善，也可以向有關機關提出檢舉或告發，有關機關會依公寓大廈管理條例或道路交通管理處罰條例予以開罰，若仍堅持不改，且占用部分確實有害逃生，讀者也可以對占用戶提出刑法第189條第2項阻塞逃生通道罪的告發。

如何訴請惡鄰強制搬遷？

　　新聞案件偶見報導有些「壞厝邊」，會在大樓空地堆積垃圾、惡意破壞大樓公共設備，或者是騷擾其他住戶等等，致其他住戶飽受困擾。對於這種狀況，要怎麼適用公寓大廈管理條例的「惡鄰條款」，讓惡鄰居搬遷？

 法院實際案例分享

　　王怡華居住的大廈某一戶住戶，疑因工作不順利，常常在社區內飲酒後咆哮，甚至在家中縱火，或是平常在大廳對其他住戶口出惡言，管委會已數次請其改善，反而還遭該住戶恐嚇，大廈內各住戶都深感困擾，因此以區分所有權人會議決議通過強制該住戶遷離。

 法院判決結果

桃園地方法院101年度訴字第381號民事判決

經查，被告有遺傳性精神病之事實，為其所自承；且自96年遷入住社區時起，即陸續有經常性妨礙社區安寧、對社區保全員及住戶騷擾、毀損及觸犯公共危險等行為之事實如下：

1. 被告因在家放火燒毀保特瓶、塑膠袋、紙等自己之物觸犯刑法第175條公共危險罪；2. 被告又毀損社區E棟之電梯門，經本院判處拘役30日在案；3.被告恐嚇社區總幹事、警衛等人，核被告上開行為，除觸犯上開刑事罪責外，尚違反公寓大廈條例第6條第1項第1款、第16條第1項之規定而情節重大，原告（管理委員會）已多次促其改善仍未改善，且其於101年間因上開犯行於服刑出獄後，仍續有上開妨礙社區秩序、安寧、騷擾之行為，為其所不否認，是原告主張被告有「違反法令及規約行為，情節重大」，有公寓大廈管理條例第22條第1項第3款及系爭住戶規約第21條第1項第3款之「強制遷離事由」，洵屬可採。又原告尚請求被告應將其戶籍自系爭房屋遷出。審酌，被告目前設戶籍及住所於系爭房屋，是被告辦理戶籍之遷出登記，乃強制遷離之附隨效果，否則若被告仍設戶籍及住所於系爭房屋內，豈非可隨時再遷入社區是原告此部分請求，亦屬有據。

法條停看聽

不論是區分所有權人或住戶，都有遵守社區規約之義務，如果住戶或區分所有權人違反法令或規約情節重大，則區分所有權人會議得以決議讓該名違反的住戶或區分所有權人強制遷離或將其區分所有權出讓給他人。

別讓你的權利睡著了！

公寓大廈管理條例規範了諸多住戶應遵守之義務，如「不得妨害其他住戶之安寧、安全及衛生」、「不得任意棄置垃圾、排放各種污染物、惡臭物質或發生喧囂、振動及其他與此相類之行為」等等，社區住戶若有「違反法令或住戶規約，情節重大」者，經管理委員會促其改善，於3個月仍不改善者，可以由區分所有權人會議決議，強制該住戶遷離該社區，本件區分所有權人會議已合法決議，故而法院認為管理委員會起訴有理由，因此，命令惡鄰居應強制遷離戶籍，以免以後再入住其中，藉以保障住戶們的權益。

另外，依公寓大廈管理條例第22條第2項規定，如果是具有區分所有權人身分的住戶有重大違反規約或法令情節重大時，區分所有權人會議決議通過令該區分所有權人出讓其房屋時，管理委員會起訴聲請法院判決後，在法院判決確定後，尚應給該區分所有權人3個月的時間得以出讓其房屋。

也就是說，雖然法院判決已經判決確定強制惡鄰出讓其房屋，但管理委員會不能馬上就聲請強制執行，需待該惡鄰在判決確定後3個月仍不自行出讓其房屋時，管理委員會才可以聲請法院以強制執行之方式拍賣該房屋。

🏷️ 律師小學堂

新聞報導偶見有些住戶會在自家屋內或室外堆放大量垃圾或回收物，造成異味、孳生蚊蟲；或者有住戶為一己之便，在防火巷弄堆置雜物阻塞通行、影響公共安全，此種造成其他住戶重大困擾之鄰居，公寓大廈管理條例有規範所謂「惡鄰條款」，讓不守規約的惡鄰徹底離開您的視線，讀者可以妥善運用這條款讓鄰居遵守規約喔。

但對於不同社區的其他鄰居，就沒辦法適用公寓大廈管理條例，此時如果遇到此種惡意堆積垃圾、污染環境；或不當阻塞逃生通道等等之行為，可按個別情況，分別適用廢棄物清理法等環保法規或者建築、消防法規等，請求主管機關對違反法令之行為人課處裁罰，令其改善；如果違法情節重大者（例如阻塞消防通道等），行為人不但可能涉犯刑法公共危險罪，如造成讀者的損害，讀者也可請求民事損害。

附錄

一、公平會函釋

行政院公平交易委員會業於90年5月22日以公壹字第01524號令發布「公平交易法對房屋仲介業之規範說明」：

房屋仲介業者如提出斡旋金要求，未同時告知消費者亦得選擇採用內政部版要約書，及斡旋金契約與內政部版「要約書」之區別及其替代關係，將有違反公平交易法第24條規定之虞。故房屋仲介業者宜以另份書面告知購屋人有選擇採用內政部版要約書之權利，且該份書面之內容宜扼要說明「要約書」與「斡旋金」之區別及其替代關係，並經購屋人簽名確認，以釐清仲介業者之告知義務。另若仲介業者約定交付斡旋金，則宜以書面明訂交付斡旋金之目的，明確告知消費者之權利義務。

二、現況說明書範本

土地房屋現況說明書 —— 不動產買賣契約書附件

填表日期　　　年　　　月　　　日

項次	內容	是	否	說明
1	是否為共有土地	□	□	若是，□有□無分管協議書
2	土地現況是否有出租情形	□	□	若有，則□賣方於點交前終止租約 □以現況點交 □另外協議
3	土地現況是否有被他人占用情形	□	□	若有，□賣方應於交屋前 □拆除 □排除 □以現況點交 □其他
4	是否有地上物	□	□	若有，地上物□建築改良物 □農作改良物 □其他
5	是否有未登記之法定他項權利	□	□	□不知 □知 □＿＿＿＿＿＿＿＿＿
6	建築改良物是否有包括未登記之改建、增建、加建、違建部分：	□	□	□不知 □知 □壹樓＿＿＿＿＿平方公尺 □＿樓＿＿＿＿＿平方公尺 □頂樓＿＿＿＿＿平方公尺 □其他＿＿＿＿＿平方公尺

7	是否有車位之分管協議及圖說	☐ ☐	☐有書面或圖說（請檢附） ☐口頭約定 車位管理費 ☐有，月繳新台幣＿＿＿＿＿元 ☐車位包含在大樓管理費內 ☐無 使用狀況 ☐固定位置使用 ☐需承租 ☐需排隊等侯 ☐需定期抽籤，每＿＿＿月抽籤 ☐每日先到先停 ☐其他＿＿＿＿＿＿＿
8	建築改良物是否有滲漏水之情形	☐ ☐	若有，滲漏水處： ＿＿＿＿＿＿＿＿＿＿＿＿ ☐以現況交屋 ☐賣方修繕後交屋
9	建築改良物是否曾經做過輻射屋檢測	☐ ☐	檢測結果： ＿＿＿＿＿＿＿＿＿＿＿＿ 輻射是否異常 ☐是　☐以現況交屋 ☐否　☐賣方修繕後交屋 （民國七十一年至七十三年領得使用執照之建築物，應特別留意檢測。如欲進行改善，應向行政院原子能委員會洽詢技術協助。）
10	是否曾經做過海砂屋檢測（氯離子檢測事項）	☐ ☐	檢測日期：＿＿＿年＿＿＿月＿＿＿日 （請附檢測證明文件） 檢測結果：＿＿＿＿＿＿＿＿＿＿ （參考值：依CNS 3090規定預力混凝土爲0.15kg/m3，鋼筋混凝土爲0.3kg/m3。）
11	本建築改良物（專有部分）於賣方產權是否曾發生兇殺或自殺致死之情事	☐ ☐	

12	屋內自來水及排水系統是否正常	□ □	□以現況交屋 □若不正常,賣方修繕後交屋
13	建築改良物現況是否有出租之情形	□ □	若有,則 □賣方應於交屋前□排除 　　　　　　　　□終止租約 □以現況交屋 □其他
14	建築改良物現況是否有被他人占用之情形	□ □	若有,則 □賣方應於交屋前排除 □以現況交屋 □其他
15	建築改良物現況是否占用他人土地之情形	□ □	若有,則 □賣方應於交屋前解決 □以現況交屋
16	是否使用自來水廠之自來水	□ □	
17	是否使用天然瓦斯	□ □	
18	是否有住戶規約	□ □	若有,詳見住戶規約
19	是否約定專用協議	□ □	□有規約約定(請檢附) □依第____次區分所有權會議決定 管理費 □有使用償金 □有增繳新台幣____元/月 使用範圍 □空地　□露台 □非避難之屋頂平台 □非供車位使用之防空避難室 □其他
20	是否有管理委員會或管理負責人	□ □	若有,管理費為 □月繳_____元 □季繳_____元 □年繳_____元 □其他

21	管理費是否有積欠情形	☐ ☐	若有，管理費_____元，由☐買方☐賣方支付。
22	是否有附屬設備	☐ ☐	☐冷氣____台　　☐沙發____組 ☐床組____件　　☐熱水器____台 ☐窗簾____組　　☐燈飾____件 ☐梳妝台____件　　☐排油煙機 ☐流理台　　　　☐瓦斯爐 ☐天然瓦斯（買方負擔錶租保證金費用） ☐電話：____具 　（買方負擔過戶費及保證金） ☐其他

注意：

1. 輻射屋檢測，輻射若有異常，應洽請行政院原子能委員會確認是否為輻射屋。
2. 海砂屋檢測，海砂屋含氯量，將因採樣點及採樣時間之不同而異，目前海砂屋含氯量尚無國家標準值。

其他重要事項：

1.
2.
3.

受託人：　　　　　　　　　　　　　（簽章）

委託人：　　　　　　　　　　　　　（賣方簽章）

簽章日期：　　　年　　　月　　　日

不動產說明書應記載及不得記載事項

中華民國89年5月19日台（89）內中地字第8979453號函訂頒（中華
民國89年7月1日實施）

中華民國89年7月15日台（89）內中地字第8912945號函修訂

中華民國91年3月19日台內中地字第0910083123號函修訂

中華民國101年9月11日內授中辦地字第1016651569號令修正壹第2
點、第3點（中華民國101年10月1日實施）

壹、應記載事項

一、土地之應記載事項

（一）土地標示及權利範圍：坐落、基地面積、權利範圍。

（二）權利種類：

　　　1. 所有權。

　　　2. 他項權利。

（三）所有權人及其住址。

（四）目前管理與使用情況：

　　　1. 是否有依慣例使用之現況：共有土地有無分管協議及
　　　　 其協議內容。

　　　2. 有無出租或占用情形？

（五）土地使用管制內容：

　　　1. 以主管機關核發之都市計畫土地使用分區或非都市土

地之編定使用種類證明為準，若主管機關未明確記載
則說明之。

2. 法定建蔽率。

3. 法定容積率。

4. 開發方式限制：如都市計畫說明書有附帶規定以徵
收、區段徵收、市地重劃或其他方式開發者，應一併
敘明。

（六）土地權利登記狀態：

1. 有無他項權利之設定情形？（如：設定抵押權、地上
權、典權、地役權及永佃權，詳如附登記簿謄本。）

2. 有無限制登記情形？（如：預告登記、查封、假扣
押、假處分及其他禁止處分之登記，詳如附登記簿謄
本。）

（七）重要交易條件：

1. 交易種類：買賣（互易）。

2. 交易價金。

3. 付款方式。

4. 應納稅額、規費項目及負擔方式：（稅額為預估值即
可，實際應納稅額仍應以稅捐稽徵機關核發之繳款書
為準）

(1)應納稅額、規費項目：土地增值稅、地價稅、工程

受益費、代書費、印花稅、登記規費、公證費。

(2)負擔方式：由買賣雙方另以契約約定。

5. 他項權利及限制登記之處理方式（如無，則免填）。

二、成屋之應記載事項

（一）建築改良物標示、權利範圍及用途：

1. 建築改良物標示及權利範圍：

(1)已辦理建物所有權第一次登記：坐落、建號、門牌、樓層面積（主建物、附屬建物、共同使用部分）、建築完成日期（以登記簿謄本所載為主，謄本上未列明者，應依使用執照影本或稅籍資料等相關文件）、權利範圍。

(2)未辦理建物所有權第一次登記：房屋稅籍證明所載之房屋坐落（若稅籍資料上所記載之權利人和現有之使用人姓名不符者，請賣方提出權利證明文件）。

2. 建築改良物用途（詳如附建築改良物使用執照）。

（二）權利種類：

1. 所有權。

2. 他項權利。

（三）所有權人及其住址。

（四）目前管理與使用情況：

　　1. 公寓大廈應記載住戶規約內容，無法記載者，應說明原因。

　　　　住戶規約內容如下：

　　　　(1)專有部分之範圍。

　　　　(2)共用部分之範圍。

　　　　(3)有無約定專用、共用部分（如有，請註明其標示範圍及使用方式）。

　　　　(4)管理費或使用費及其數額。

　　　　(5)公共基金之數額及其運用方式。

　　　　(6)是否有管理組織及其管理方式。

　　　　(7)有無使用手冊？如有，應檢附。

　　2. 是否有依慣例使用之現況：共用部分有無分管協議及其協議內容。

　　3. 水、電及瓦斯供應情形：

　　　　(1)水：自來水、地下水。

　　　　(2)電力：有無獨立電表。

　　　　(3)瓦斯：天然或桶裝瓦斯。

　　4. 有無出租或占用情形？

（五）建築改良物權利登記狀態：

　　1. 有無他項權利之設定情形？（如：設定抵押權及典

權，詳如附登記簿謄本。）

2. 有無限制登記情形？（如：預告登記、查封、假扣押、假處分及其他禁止處分之登記，詳如附登記簿謄本。）

（六）建築改良物瑕疵情形：

1. 有無檢測海砂含氯量及輻射鋼筋？（若有，請附檢測結果，若無，則應說明原因。）

2. 是否有滲漏水情形及其位置。

3. 是否有損鄰狀況？

4. 有無違建或禁建情事？

5. 是否曾經發生火災及其他天然災害，造成建築物損害及其修繕情形。

6. 是否被建管單位列為危險建築？

（七）重要交易條件：

1. 交易種類：買賣（互易）。

2. 交易價金。

3. 付款方式。

4. 應納稅額、規費項目及負擔方式：（稅額為預估值即可，實際應納稅額仍應以稅捐稽徵機關核發之繳款書為準）

(1)應納稅額、規費項目：契稅、房屋稅、代書費、印

花稅、登記規費、公證費、水電、瓦斯、管理費及電話費。

(2)負擔方式：由買賣雙方另以契約約定。

5. 賣方是否有附贈買方之設備？如有，請敘明設備內容。

6. 他項權利及限制登記之處理方式（如無，則免填）。

（八）停車位記載情形（如無，則免填）：

1. 有否辦理單獨區分所有建物登記？

2. 使用約定。

3. 平面式、機械式停車位。

4. 車位編號（已辦理產權登記且有登記車位編號者，依其登記之編號，未辦理者，依分管編號為準）。

（九）標的資訊

1. 建物現況格局（例如：房間、廳、衛浴數，有無隔間）

2. 建物型態（依建物型態分為公寓(五樓含以下無電梯)、透天厝、店面(店鋪)、辦公商業大樓、住宅大樓(十一層含以上有電梯)、華廈(十層含以下有電梯)、套房(一房(一廳)一衛)、工廠、廠辦、農舍、倉庫或其他等型態）

三、預售屋之應記載事項

（一）建築改良物坐落。

（二）主管建築機關核准之建照日期及字號。

（三）出售面積及認定標準。

（四）共同使用部分項目、總面積及其分配比例。

（五）主要建材及廠牌、規格。

（六）建築改良物構造、高度及樓層規劃。

（七）工程進度（預定開工、取得使用執照及通知交屋之截止日期）、保固期限及範圍。

（八）目前管理與使用情況：公寓大廈應記載規約草約內容，無法記載者，應說明原因。

規約草約內容如下：

1. 專有部分之範圍。

2. 共用部分之範圍。

3. 有無約定專用、共用部分（如有，請註明其標示範圍及使用方式）。

4. 管理費或使用費及其數額（管理委員會未成立者，其數額以預估數額為準）。

5. 公共基金之數額及其運用方式。

6. 是否有管理組織及其管理方式。

7. 有無使用手冊？如有，應檢附。

（九）預售屋瑕疵情形：

　　1. 有無檢附「施工中建築物新拌混凝土氯離子含量檢測報告單」及「施工中建築物出具無輻射污染證明」？若無，則應說明原因。

　　2. 是否有損鄰狀況？

（十）重要交易條件：

　　1. 交易種類：買賣。

　　2. 交易價金。

　　3. 付款方式。

　　4. 應納稅額、規費項目及負擔方式：（稅額為預估值即可，實際應納稅額仍應以稅捐稽徵機關核發之繳款書為準）

　　　　(1)應納稅額、規費項目：契稅、房屋稅、代書費、印花稅、登記規費、公證費、水電、瓦斯、管理費及電話費。

　　　　(2)負擔方式：由買賣雙方另以契約約定。

（十一）停車位記載情形（如無，則免填）：

　　1. 平面式、機械式停車位（請註明其長、寬、高及其誤差範圍）。

　　2. 車位編號。

（十二）標的資訊

　　1. 建物格局（例如：房間、廳、衛浴數，有無隔間）。

　　2. 建物型態（依建物型態分為公寓(五樓含以下無電梯)、透天厝、店面(店鋪)、辦公商業大樓、住宅大樓(十一層含以上有電梯)、華廈(十層含以下有電梯)、套房(一房(一廳)一衛)或其他等型態）。

貳、不動產說明書不得記載事項

一、不得約定本說明書內容僅供參考。

二、不得使用未經明確定義之「使用面積」、「受益面積」、「銷售面積」等名詞。

三、不得約定繳回不動產說明書。

四、預售屋出售標的，不得記載未經依法領有建造執照之夾層設計或夾層空間面積。

五、不得為其他違反法律強制或禁止規定之約定。

你該知道的住屋權利

國家圖書館出版品預行編目資料

你該知道的住屋權利／張建鳴、莊佳樺著 .-- 初
版 .--
　臺北市 ： 商周出版：家庭傳媒城邦分公司發
　行，民 103.04
　　面； 公分

ISBN 978-986-272-579-5 （平裝）

1. 不動產所有權

584.212　　　　　　　　　　103005517

作　　者／張建鳴、 莊佳樺
企畫主編／張曉蕊
責任編輯／張曉蕊
校　　對／吳淑芳
版　　權／黃淑敏、 翁靜如
行銷業務／周佑潔、 張倚禎

總 編 輯／陳美靜
總 經 理／彭之琬
發 行 人／何飛鵬
法律顧問／台英國際商務法律事務所 羅明通律師
出　　版／商周出版
　　　　　臺北市 104 民生東路二段 141 號 9 樓
　　　　　電話 ： (02) 2500-7008　傳真 ： (02) 2500-7759
　　　　　E-mail: bwp.service @ cite.com.tw
發　　行／英屬蓋曼群島商家庭傳媒股份有限公司　城邦分公司
出　　版／臺北市 104 民生東路二段 141 號 2 樓
　　　　　讀者服務專線： 0800-020-299　24 小時傳真服務 ： (02) 2517-0999
　　　　　讀者服務信箱 E-mail: cs@cite.com.tw
　　　　　劃撥帳號 ： 19833503　戶名 ： 英屬蓋曼群島商家庭傳媒股份有限公司城邦分公司
訂購服務／書虫股份有限公司客服專線： (02) 2500-7718 ； 2500-7719
　　　　　服務時間 ： 週一至週五上午 09:30-12:00 ； 下午 13:30-17:00
　　　　　24 小時傳真專線 ： (02) 2500-1990 ； 2500-1991
　　　　　劃撥帳號 ： 19863813　戶名 ： 書虫股份有限公司
　　　　　E-mail: service@readingclub.com.tw
香港發行所／城邦 （香港） 出版集團有限公司
　　　　　香港灣仔駱克道 193 號東超商業中心 1 樓
　　　　　E-mail: hkcite@biznetvigator.com
　　　　　電話: (852) 25086231　傳真 ： (852) 25789337
馬新發行所／城邦 （馬新） 出版集團
　　　　　Cite (M) Sdn. Bhd. (45837ZU)
　　　　　11, Jalan 30D/146, Desa Tasik, Sungai Besi, 57000 Kuala Lumpur, Malaysia.
　　　　　電話: (603) 9056-3833　傳真 ： (603) 9056-2833　E-mail: citekl@cite.com.tw

內文排版／綠貝殼資訊有限公司
印　　刷／韋懋實業有限公司
總 經 銷／高見文化行銷股份有限公司　新北市樹林區佳園路二段 70-1 號
　　　　　電話: (02)2668-9005　傳真 ： (02)2668-9790　客服專線 ： 0800-055-365
行政院新聞局北市業字第 913 號

■ 2014 年 (民 103) 4 月初版
定價 280 元
版權所有 · 翻印必究 （Printed in Taiwan）
ISBN 978-986-272-579-5

城邦讀書花園
www.cite.com.tw